Mit dem Fahrrad
rund um Darmstadt

Christoph Bühler

Mit dem Fahrrad rund um Darmstadt

28 ausgewählte
Radtouren mit
28 Kartenskizzen
und Illustrationen

CIP-Kurztitelaufnahme der Deutschen Bibliothek

Bühler, Christoph:

Mit dem Fahrrad rund um Darmstadt: 28 ausgew. Radtouren / Christoph Bühler. – Mannheim: Südwestdeutsche Verlagsanstalt, 1982.

ISBN 3-87804-115-2

 · Umschlaggestaltung · Dicker Design Group, Ludwigshafen · Karten und Zeichnungen: Huber + Oberländer, München · Reproduktionen: Repro-Sandlos, Mannheim, Huber + Oberländer, München · Gesamtherstellung: Druckhaus Schwaben GmbH, Heilbronn

Inhaltsverzeichnis

Vorwort 7

1 Kranichsteiner Forst (13 km) 11
2 Dieburg (32 km) 13
3 Aschaffenburg (90 km) (einfache Strecke 44 km) 16
4 Groß-Umstadt (55 km) 21
5 Rundweg Ost (25 km) 24
6 Langen (Nordrunde) (33 km) 27
7 Hügelgräber (Traisa-Messel) (30 km) 30
8 Darmstädter Stadtwald (20 km) 32
9 Otzberg (50 km) 35
10 Lindenfels (65 km) 40
11 Frankenstein (über Oberramstadt) (35 km) 44
12 Lichtenberg (über Reinheim – Ernsthofen) (47 km) 47
13 Ins Ried um Geinsheim (Leeheim-Wallerstädten) (60 km) 50
14 Neckarschlingen (Büttelborn – Crumstadt) (42 km) 53
15 Naturschutzgebiet Kühkopf (51 km) 57
16 Naturschutzgebiet Landgraben (Griesheim – Büttelborn) (41 km) 60
17 Ginsheimer Rheininsel (75 km) 63
18 Rundweg West (33 km) 67

19 Pfungstadter Wald (22 km) 69
20 Melibocus-Runde (28 km) 72
21 Lorsch (65 km) 75
22 Rundweg Süd (30 km) 79
23 Worms (über Gernsheim) (100 km) 82
24 Groß-Gerau (35 km) 86
25 Griesheim – Mörfeldener Wald (43 km) 90
26 Staatsforst Groß-Gerau (41 km) 93
27 Griesheim-Runde (24 km) 97
28 Oppenheim (über Gernsheim) (90 km) 99

Karte 8/9

Vorwort

Das Land um Darmstadt ist zum Radfahren wie geschaffen: die weite Rheinebene für Ausflugsfahrten ohne große Anstrengungen, das wellige Gelände im Wald zwischen Darmstadt und Dieburg, mit den letzten Ausläufern des Odenwaldes, wo nur längere Touren Kondition erfordern, und der Odenwald für Steigungsfanatiker oder -genießer. Das vorliegende Bändchen bietet für jeden etwas: gemütliche Runden für Familien im Wald, lange Touren in der Ebene für zügige Fahrer, aber auch anspruchsvollere Bergfahrten.

Der Anreiz dieser Touren – für den „Genießer" auf dem Rad – liegt nicht so sehr im Ziel als in der Tour selbst. In seinem gemächlichen Tempo ist der Radfahrer viel empfänglicher für die Feinheiten seiner Umgebung – ob das eine Wildschweinfamilie ist, die im Wald den Weg kreuzt (wie dem Autor geschehen), ob es verborgene Idyllen sind, wie im überfluteten Bruchgebiet zwischen Trebur und Geinsheim.

Sicher kann ein geübter Fahrer einen Durchschnitt von 20, ja 25 km/h halten, doch die Erfahrung zeigt, daß ein Schnitt von 10 km/h mit Pausen und Wartezeiten für Gruppen angemessen ist. Dieser Schnitt wurde auch bei den meisten Touren zugrundegelegt.

Ein „geübter" Tourenfahrer „schafft" eine Steigung von 3–4% über 1 km ohne Absteigen; 6% Steigung erfordern schon mehr Übung und

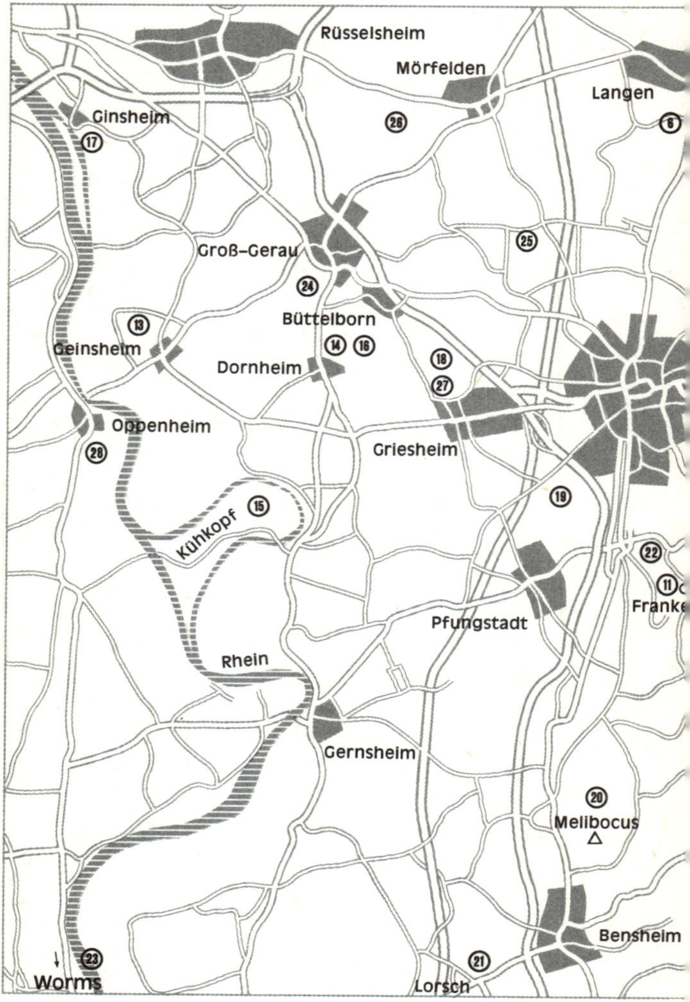
Rüsselsheim
Mörfelden
Langen
6
Ginsheim
17
26
25
Groß-Gerau
24
Büttelborn
13
14
16
Geinsheim
Dornheim
18
27
Oppenheim
28
Griesheim
19
15
Kühkopf
22
11
Pfungstadt
Rhein
Gernsheim
20
Melibocus
Bensheim
23
21
Worms
Lorsch

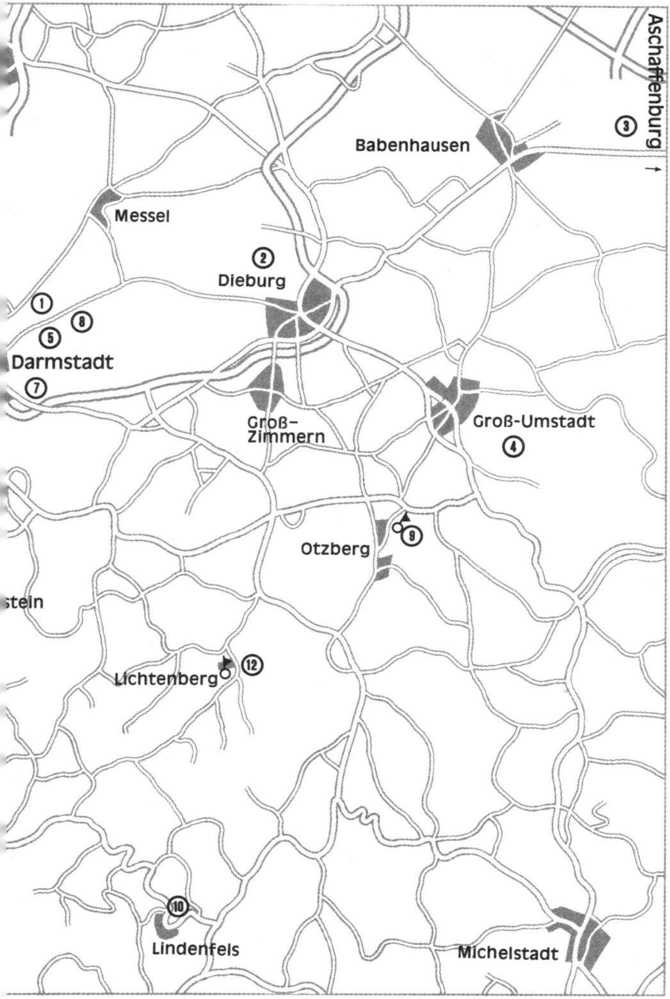
Aschaffenburg
3
Babenhausen
Messel
2
Dieburg
1
8
5
Darmstadt
7
Groß-Zimmern
Groß-Umstadt
4
Otzberg
9
stein
12
Lichtenberg
10
Lindenfels
Michelstadt

Kondition. Fahren Sie bergauf möglichst ruhig und gleichmäßig, „Anlauf holen“ bringt überhaupt nichts, damit vergeuden Sie nur Kraft.
Die Auswahl der Wege ist der jeweiligen Tour angemessen – Feld- oder Waldwege für kleinere Touren, stille Nebenstraßen für größere Fahrten. Belebte Straßen ließen sich nicht immer vermeiden, zu spärlich ist hier das Angebot an Fahrradwegen.
Die Feldwege dienen in erster Linie der Landwirtschaft und sind deshalb besonders witterungsabhängig. So ist das Gros der Feldwege in einem nassen Herbst verschlammt und unbenutzbar. Ist das Befahren gesperrter Wege durchaus erlaubt, so trägt der Fahrer das Unfallrisiko selbst.
Abkürzungen und Erweiterungen sind nicht aufgeführt, der interessierte Fahrer kann hier leicht selbst anhand der Karten seine Entscheidung treffen.
Für Rückwege und Teilstrecken steht die Bundesbahn zur Verfügung mit ihren Fahrradkarten (DM 6,–, selbst ein- und ausladen, Fahrplan beachten!): In unserem Bereich kommt man nur aus Richtung Bensheim täglich nach Darmstadt, aus Worms (über Biblis nach Groß-Gerau), Mainz-Bischofsheim und Aschaffenburg täglich außer Samstag.
Autor und Verlag hoffen, daß dieser Führer den Benutzern hilft, ihre Fahrradausflüge sinnvoll zu planen. Korrekturen und kritische Anregungen werden gern entgegengenommen.

1 Kranichsteiner Forst

Ausgangspunkt: Kranichsteiner Straße
Gesamtlänge: 13 km; 1–2 Stunden
Schwierigkeitsgrad: Leicht welliges Gelände, keine öffentlichen Verkehrsstraßen, daher besonders geeignet für Kinder und Jugendliche.
Topographische Karte: L 6118 DA-Ost

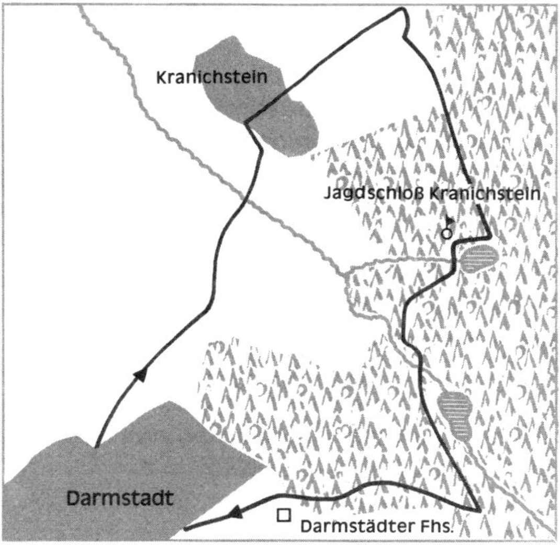

Von der *Kranichsteiner Allee* beim Waldrand (Jägerstraße) nach links zum Stadtteil Kranichstein abbiegen, dort dann weiter bis zum Gleis der Bahn. Davor rechts, am Bahnhof vorbei und geradeaus weiter auf gut asphaltierter Straße. Evtl. Abstecher geradeaus zum Naturschutzgebiet Silzwiesen und zur Dianaburg.
Vor der Eisenbahnbrücke rechts und geradeaus weiter (Feldschneise), über die *Kranichsteiner Allee* weg und hinter der Straße den ersten Weg rechts einbiegen. Am Rand des Backhaus-Teichs zur Hof-Front des Jagdschlosses Kranichstein (in Renaissance-Formen 1572 erbaut, Jagdmuseum). Zur Weiterfahrt am Ufer des Teichs entlang zum Steinbrücker Teich. Hier liegen ein Grillplatz, von der Kreuzung des Weges mit der Straße aus gesehen jenseits des Teiches (links) und ein Gasthaus.
Zum Rückweg in die Stadt weiter am See entlang und rechts in den *Brunnersweg* einbiegen (kleine Steigung). Der Weg führt zur Hütte bei der Südspitze der Fasanerie (Darmstädter Forsthaus). Ab hier dann nach links über die *Dieburger Straße* zur Stadt zurück.
Einkehrmöglichkeiten: Oberwaldhaus am Steinbrücker Teich

Der besondere Tip: Futter für die Enten am Teich des Jagdschlosses Kranichstein mitnehmen.

2 Dieburg

Ausgangspunkt: Dieburger Straße
Gesamtlänge: 32 km; 3–4 Stunden
Schwierigkeitsgrad: Geringe Schwierigkeiten im welligen Gelände des Waldes zwischen Darmstadt und Dieburg, auf den Steigungen dennoch einige Übung vonnöten. Öffentliche Straßen zwischen Dieburg und Gundernhausen. Topographische Karte: L 6118 DA-Ost.

Man verläßt die *Dieburger Straße* am Parkplatz beim Tor der Fasanerie nach rechts und folgt rechts der Hütte dem mit einem *weißen Z* be-

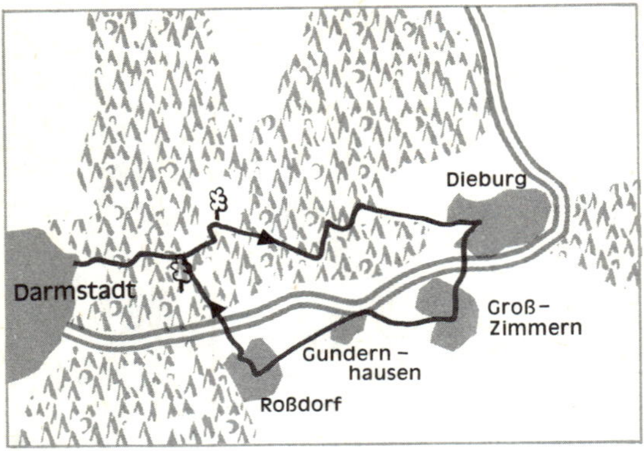

zeichneten Brunnersweg, fährt an der Sitzbank rechts weiter und dann geradeaus bis zur *Scheftheimer Eiche*. Wir fahren geradeaus und zweigen nach etwa 1500 m in den Weg rechts ab. Ihm folgen wir bis zur Th.-Fuchs-Eiche, radeln dann geradeaus einen kleinen, schmalen Weg entlang. Je nach Witterung ist dieser Teil der Route auf 400 m sehr schlecht, wird aber dann ausgezeichnet (Lange Schneise). Der Weg steigt hier leicht von 172 m auf 200 m Meereshöhe an, die Länge der Steigung beträgt ca. 1,5 km. Wir können die lange, sanfte Abfahrt nicht voll auskosten, denn ca. 5–600 m hinter der Kuppe müssen wir (vor einem Verkehrsverbots-Schild) in den von links hinten kommenden *Messeler Weg* einbiegen. Nach dem Linksabbiegen wieder rechts in den Weg, der von der Kreuzung aus schon sichtbar ist (Jakobsbornschneise, Naturfreundezeichen). Nach 1 km zweigt an einer Kiefernschonung die

Steinbruchschneise nach rechts ab, diesem Weg folgen wir ca. 500 m. Am Hochsitz wieder links in die *Forstgartenschneise* (hier schöner Lärchenwald), nach weiteren 750 m in den zweiten Weg nach rechts (am Trimmpfad-Schild) und dann geradeaus. Am Waldrand angekommen, steht links eine Tafel mit den Abbildungen unserer heimischen Singvögel.
Nach Dieburg hinein geht es jetzt immer geradeaus, im Neubaugebiet rechts versetzt auf der *Aubergenviller Allee* weiter. An der Einmündung in die *Rheingaustraße* links und dann geradeaus bis zum Marktplatz. Von hier gelangt man an der linken hinteren Ecke des Marktplatzes zum Schloßpark (Picknick!).
In der Wallfahrtskapelle St. Maria (am anderen Ende der Fußgängerzone, Straße „Altstadt") eine interessante Kreuzabnahmegruppe (Pieta, um 1420), die Anlage der Kapelle selbst ist auf T-förmigem Grundriß errichtet (Baubeschreibung im Innern der Anlage).
Zum Rückweg verlassen wir Dieburg in Richtung Großzimmern. In Großzimmern nach der Kirche rechts nach Gundernhausen abbiegen und zwischen Gundernhausen und Roßdorf den Radweg rechts der *B 26* benützen. Wir folgen in Roßdorf zunächst der Richtung Darmstadt, aber wenn am Berg die Straße nach Darmstadt nach links abknickt, steigen wir in den *Brunnersweg* geradeaus weiter (durch die Sperre schieben). Diesem Weg aus dem Ort hinaus folgen. Zum Abschluß der Tour können wir am

Grillplatz eine letzte Rast einlegen (Wegweiser), von hier bis Darmstadt sind es etwa noch 40 Minuten. Dann über die Autobahn weg bis zur *Scheftheimer Eiche*. Dort nach links und wieder dem *weißen Z* folgen bis zum Darmstädter Forsthaus und auf der *Kranichsteiner Straße* zurück zur Stadt.
Einkehrmöglichkeiten: Alt Dieburg, Dieburg, Rheingaustraße; Bierbrunnen, Goethestraße

Der besondere Tip: Mit Kindern empfiehlt sich der Rückweg auf derselben Strecke durch den Wald.

3 Aschaffenburg

Ausgangspunkt: Frankfurter Landstraße
Gesamtlänge: Einfache Strecke 44 km, mit Rückweg 90 km.
Schwierigkeitsgrad: Den Rückweg sollten nur trainierte Fahrer mit guter Kondition per Rad zurücklegen, sonst Rückweg per Bahn. Hügelige Strecke, aber keine starken Steigungen, fast durchweg ruhige Nebenstraßen. Topographische Karten: L 6118 und L 6120.

Von der *Frankfurter Landstraße* in Arheilgen nach rechts in die *Untere* und *Obere Mühlstraße*, beim Briefkasten nach rechts und über den *Kalkofenweg* aus dem Ort heraus. Diesem Weg folgen wir und biegen bei den Höfen am Wald-

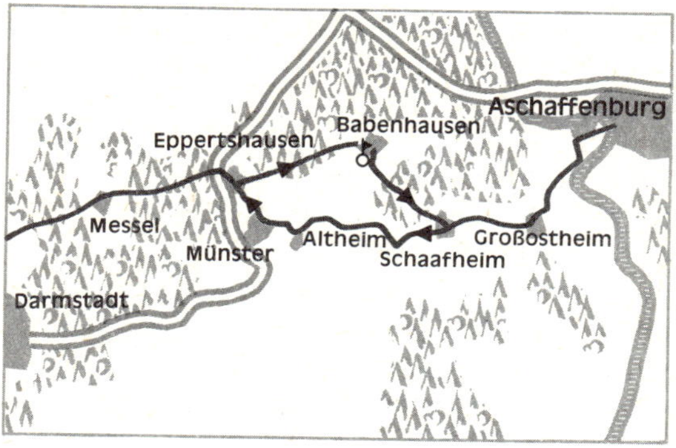

rand erst links, dann wieder an der Brücke rechts in die alte Richtung zum Wald hin ab. Nach der Brücke über die Sülz geht es im Mittelteil der leicht ansteigenden Strecke auf 1 km um 25 m hoch. Die so befahrene *Hanauer Straße* endet an einem Tor, das man selbst öffnen kann, dem „Messeler Falltorhaus", einer Straßenkreuzung unmittelbar vor Messel. Hier radeln wir jenseits der Kreuzung ein schmales Wegchen zwischen zwei Zaunpfosten lang und erreichen dann die *Darmstädter Straße.* Auf ihr fahren wir in den Ort hinein und durch die Durchfahrt unter dem Gasthof. An der Langgasse („Museum", Briefkasten) rechts und am Ortsrand an der Einmündung wieder rechts nach Eppertshausen.

Auf dieser Straße immer streng geradeaus bis zur Einmündung vor Eppertshausen. Hier steuern wir rechts in den Ort hinein und folgen an der Kirche nach links dem Wegweiser nach Hergershausen. Wir fahren auf dieser Straße weiter,

schwenken bei der Rechtskurve nach links in den Parkplatz ein und radeln in der alten Richtung (rechter Hand) auf dem asphaltierten Weg bis Babenhausen.
Hier an der Einmündung zunächst rechts (Frankfurter Straße/Fahrstraße) bis zur Fußgängerzone. Dann können wir nach rechts an der Innenseite der Stadtmauer mit ihren zwei Schalentürmen entlangfahren und gelangen von der *Schloßgasse* aus nach rechts zum Schloß (heute Altersheim). Die Anfänge des Schlosses liegen in der Zeit der Staufer (Beginn des 13. Jahrhunderts), seine Architektur ist stärker als jede andere staufische Burg von norditalienischen Vorbildern geprägt (Backsteinbau, besonders Westseite, offene Erdgeschoßhalle mit Arkaden).
Vom Schloß aus nach rechts zur Fußgängerzone mit spätgotischer Pfarrkirche (sehr schöner Flügelaltar).
Wir verlassen Babenhausen in Richtung Dieburg, folgen der Straße hinter der Bahnlinie noch nach rechts, biegen dann aber nach links ab in Richtung Schaafheim und nehmen die mäßig befahrene Straße über Schaafheim nach Großostheim und Aschaffenburg. In Großostheim lohnt sich ein Blick auf die Plastik Tilman Riemenschneiders in der katholischen Kirche.
Von hier nach Aschaffenburg sind wir auf 2,2 km Verkehrsstraße angewiesen, dann lenken wir aber 200 m nach der Kapelle am linken Straßenrand nach links in die *Nilkheimer Bahnhofstraße.* Der Straße nach über die Gleise weg und wei-

ter auf dem für Anlieger freigegebenen Weg bis zum Bahnübergang (links Park und Schloß Schönbusch). Am Bahnübergang rechts und durch die Allee bis zur Mainbrücke (Radweg).

Bei der Rechtskurve dann mit dem Wegweiser zum Schloß (Renaissance-Formen, Residenz des Kurfürst-Erzbischofs von Mainz nach 1803). Zurück wieder über die *Schloßstraße*, dann links oder über die *Pfaffengasse* bis zur Stiftskirche (romanisch-gotisch, mit schönen Fresken und Grabsteinen). Hier auch einige Cafés (Altstadt-Café in der Pfaffengasse).
Die Rückfahrt kann unter der Woche mit der Bundesbahn vorgenommen werden (gültigen

Fahrplan beachten: samstags fährt nur abends ein Zug, sonntags keiner – siehe Vorwort).
Zum Rückweg per Rad fahren wir über die *Dalbergstraße* wieder auf die Mainbrücke (Radweg) und zweigen nach links zur Unterführung ab, durch die wir auf die Allee zum Schönbusch-Park kommen. Hinter dem Bahnübergang links, an der Straße rechts und über Großostheim und Schaafheim nach dessen Ortsteil Schlierbach (Richtung Großumstadt). Kurz vor dem Ortsende dann rechts ab und über Langstadt (geradeaus durch), Harpertshausen (Richtung Darmstadt, dann aber auf den Feldweg in der Verlängerung der Altheimer Straße) und Altheim (rechts ab) nach Münster. Hier biegen wir am Ortseingang nach rechts in Richtung Schützenhaus, halten uns etwas links und kommen auf den Fahrweg nach Eppertshausen, wo wir uns links in Richtung Ober-Roden, dann aber weiter links nach Messel halten. Auf dem bekannten Weg durch Messel durch zum Messeler Falltorhaus und am Parkplatz durch das linke Tor in den Wald. Über die *Hanauer Straße* erreichen wir Arheilgen, indem wir hinter dem Waldrand nach links über die Brücke fahren und uns dann wieder rechts halten.
Einkehrmöglichkeiten: Ratskeller, Aschaffenburg, Dalbergstraße (August und Di geschlossen).

Der besondere Tip: Auf keinen Fall den Besuch der Stiftskirche versäumen.

4 Groß-Umstadt

Ausgangspunkt: Frankfurter Landstraße
Gesamtlänge: 55 km; 5–6 Stunden
Schwierigkeitsgrad: Ruhige Fahrt durch das hügelige Gelände des Odenwald-Vorlandes, Steigungen vor allem zwischen Groß-Umstadt und Habitzheim und in Roßdorf. Öffentliche Straßen auf 17 km. Topographische Karte: L 6118 DA-Ost.

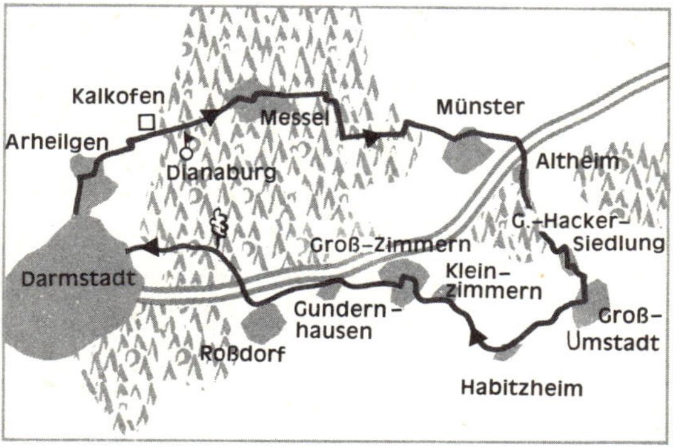

Wir radeln in der *Frankfurter Landstraße* in Arheilgen los, nach rechts in die *Untere* und (links versetzt) *Obere Mühlstraße,* beim Briefkasten nach rechts und über den *Kalkofenweg* aus dem Ort heraus. Dem gut asphaltierten Weg folgen,

bei den Höfen am Wäldchen links, dann nach der Brücke wieder rechts in die alte Richtung zum Wald hin abbiegen. Nach dem Forsthaus Kalkofen geht es im Mittelteil der leicht ansteigenden Strecke auf 1000 m 25 m hoch. Die so befahrene *Hanauer Straße* endet am Messeler Falltorhaus (Tor selbst öffnen), einer Straßenkreuzung unmittelbar vor Messel. Hier fährt man jenseits der Kreuzung ein schmales Wegchen zwischen zwei Zaunpfosten lang und erreicht dann die *Darmstädter Straße* nach Messel hinein. Auf ihr in den Ort hinein, durch die Durchfahrt unter dem Gasthaus weg und an der Langgasse („Museum", Briefkasten) nach rechts. An der Einmündung in die Straße radeln wir rechts weiter nach Eppertshausen.
Auf dieser Straße geradeaus bis zur großen Waldlichtung. Hier zweigen wir nach rechts in den Weg zum Wald (Wegweiser „Tauber") und folgen auch an der ersten Abzweigung noch dieser Richtungsangabe (links), fahren dann aber geradeaus weiter und mit dem Weg nach rechts. Nach ca. 1,5 km beim Verkehrsverbots-Schild nach links und bis zum amerikanischen Militärlager. Um das Lager nach links herum und auf dem asphaltierten Weg nach Münster hinein.
An der Kreuzung mit der B 45 links des Lebensmittelgeschäftes in die *Altheimer Straße* und auf der Landstraße nach Altheim. In Altheim führt, wenn die Straße nach Richen, nach der wir uns zunächst orientieren, links abbiegt, die *Kirchstraße* rechts zum Friedhof, am Ortsrand ent-

lang und in den Wald (schöner ebener Waldweg). An der Einmündung auf die Straße hinter dem Waldrand (das Tor am Waldrand kann man selbst öffnen, bitte wieder schließen!) nach links, um an der nächsten Straße nach rechts in die *Gustav-Hacker-Siedlung* einzubiegen (Hans-Kudlich-Straße, später Adenauerring). Weiter nach Groß-Umstadt hinein. Hier eine schöne spätgotische Pfarrkirche (um 1490, Fresken im Chor) und Renaissance-Rathaus (1604) am Markt, westlich davon der Adelshof „Wambolt-Schloß".

Von Groß-Umstadt zum Rückweg der ausgeschilderten Richtung nach Habitzheim folgen; hier sind zunächst zwei kräftige Anstiege zu bezwingen. Von Habitzheim aus über Kleinzimmern nach Großzimmern, dort an der Kreuzung nach der Kirche links und gleich wieder rechts nach Gundernhausen abbiegen. In Gundernhausen die dritte Straße nach rechts abbiegen, dann gleich wieder links auf den Weg aus dem Ort heraus und weiter geradeaus, über die Kreuzung mit der B 38 weg und unter der Bahnlinie durch bis zur Einmündung (jetzt heißt die Straße Alter Dieburger Weg) in den *Brunnersweg* in Roßdorf. Hier rechts ab und aus dem Ort heraus.

Am Wald ist nach links ein Grillplatz angeschrieben, an dem sich noch gut eine letzte Pause einlegen läßt. Dann weiter über die Autobahn weg bis zur *Scheftheimer Eiche*. Dort nach links und wieder dem *weißen Z* folgen bis zum Darm-

städter Forsthaus und auf der *Kranichsteiner Straße* zurück zur Stadt.
Einkehrmöglichkeiten: Brauerei-Ausschank P. Brenner und Frankfurter Hof, Groß-Umstadt, beide G. A. Zinn-Straße

Der besondere Tip: Die Tour lohnt sich besonders im Mai (erstes Grün) oder im Frühherbst (erste Buntfärbung).

5 Rundweg Ost

Ausgangspunkt: Frankfurter Landstraße
Gesamtlänge: 25 km; 2–3 Stunden
Schwierigkeitsgrad: Besonders geeignet für Familien mit Kindern, da kaum öffentliche Straßen benutzt werden. Leichte Tour mit nur geringen Steigungen im Wald zwischen Darmstadt und Messel. Topographische Karte L 6118 DA-Ost

Wir starten in der *Frankfurter Landstraße* in Arheilgen, fahren nach rechts in die *Untere* und *Obere Mühlstraße*, beim Briefkasten nach rechts und auf dem *Kalkofenweg* aus dem Ort heraus. Diesem Weg folgen, bei den Höfen am Waldrand nach links, dann nach der Brücke wieder rechts in die alte Richtung zum Waldrand hin abbiegen. Nach der Brücke über die Sülz geht es im Mittelteil der leicht ansteigenden Strecke auf 1 km um 25 m hoch. Die so befahrene *Hanauer Straße* endet bei einem Tor, das man aber selbst

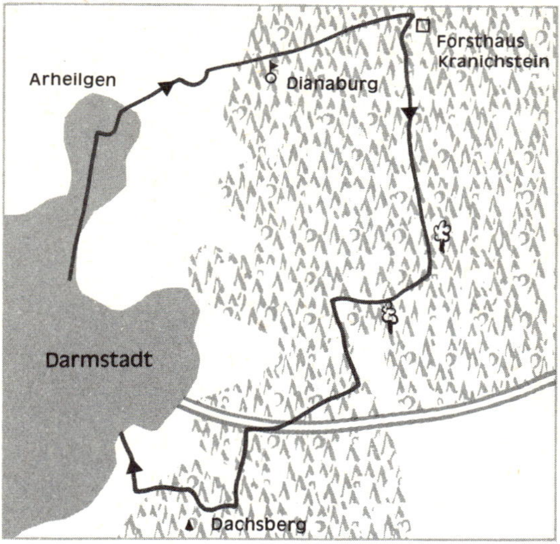

öffnen kann, am „Messeler Falltorhaus“, einem Parkplatz unmittelbar vor Messel.
Hier zunächst ganz rechts auf die Straße nach Darmstadt zurück (Vorsicht!) und nach 500 m wieder nach links in die *Bornschneise.* Dann über 5 km geradeaus weiter, unter der Bahnlinie durch und über die Straße nach Dieburg weg bis zur Wegkreuzung bei der *Scheftheimer Eiche.* Dort immer noch geradeaus und bei der nächsten Wegkreuzung (Bernhardsackerschneise) nach links. Auf dieser Waldschneise ca. 1,6 km weiter, dann die dritte Abzweigung nach rechts abbiegen. Über die alte Eisenbahnlinie zur B 26 zwischen Roßdorf und Darmstadt, dort in

Fahrtrichtung bleiben, aber schon nach 300 m links abbiegen. Weiter über die Autobahnbrükke und ein Stück bergab. Geradeaus durch bis zur großen Wegkreuzung hinter der Waldlichtung. Hier nach rechts und geradeaus, über die Bahnlinie weg, am Fuß des Dachsberges (Dachsberger Fußweg) vorbei zum Sportzentrum am Böllenfalltor. An der Kreuzung mit der *Nieder-ramstadter Straße* nach rechts zur Stadtmitte.
Einkehrmöglichkeiten: keine

Der besondere Tip: Die Tour kann mit den Fahrten 6, 18 und 22 zu einer Gesamt-Umrundung Darmstadts kombiniert werden.

6 Langen (Nordrunde)

Ausgangspunkt: Arheilger Straße
Gesamtlänge: 33 km; 3–4 Stunden
Schwierigkeitsgrad: Im zweiten Teil der Tour etwas welliges Gelände, sonst eben, auch für Ungeübte geeignet. Bis auf Ortsdurchfahrten keine öffentlichen Straßen. Topographische Karten: L 6116 und L 6118

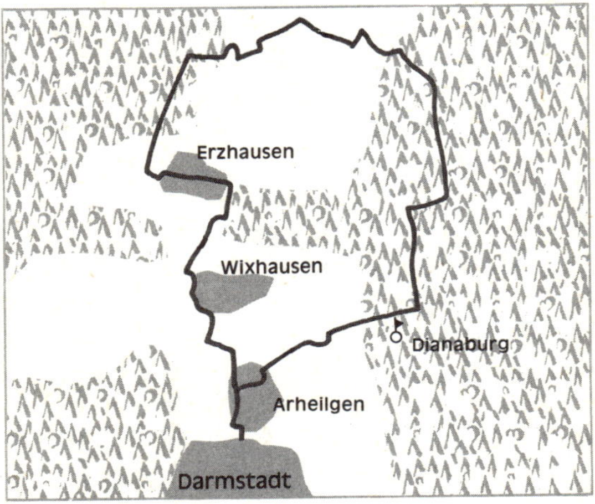

Über *Arheilger Straße* und (links ab) *Maulbeerallee* auf die *Frankfurter Landstraße*. Nach ca. 300 m nach links von der B 3 weg und auf der ersten Parallelstraße (Im Erlich) in Richtung Arheilgen. Geradeaus weiter in die *Greinstraße*.

Dann biegen wir nach links in den *Glockengartenweg*, überqueren die Bahnlinie und schwenken unmittelbar dahinter nach rechts ab. Ein Stück am Bahndamm weiter nehmen wir den dritten Weg (Am Apfelbach) nach links, bleiben am Bach, fahren an der Gärtnerei vorbei und kommen beim Trafo-Turm auf die Straße. Wir radeln über das Schild „Vorfahrt achten“ weiter geradeaus auf die *Erzhäuser Straße*, mit ihr aus dem Ort und auf diesem Weg bis Erzhausen.
Hier lenken wir an der Einmündung in die *Bahnstraße* nach links (Radweg) und folgen dem Zug der *Bahnstraße*, später der *Hauptstraße*, bis wir nach rechts in die *Frankfurter Straße* abbiegen. Nach der Brücke am Waldrand geradeaus weiter in den Wald (kurzes schlechtes Stück Weg). Am Klärwerk zweigen wir dann nach rechts in den mit *Radrundweg* bezeichneten Weg und radeln mit dieser Markierung (an der Straße links, gleich wieder rechts) bis über den Bahnübergang. Dahinter folgen wir allerdings nicht mehr dem Wegweiser, sondern wenden uns mit dem geteerten Weg nach links. Dann geradeaus weiter bis zur Einmündung in die *Langener Südliche Ringstraße* (Ampel). Hier rechts einbiegen und geradeaus bis zur Kreuzung mit der *B 3*. Über diese weiter geradeaus weg und an der nächsten Ampel rechts in die *Friedhofstraße*. Unser Weg führt links am Friedhof vorbei (Am neuen Wald), hält sich an der Gabelung links (Radwegschild) und geht nach der Linkskurve rechts auf dem *Oberen Steinberg*

weiter. Auf diesem Weg radeln wir immer geradeaus und über die Autobahn weg. Die weitere Strecke führt ca. 4 km leicht wellig durch den Wald, bis wir nach der Schutzhütte nach rechts

in den geteerten Weg abzweigen. Am Ende des geteerten Stückes nach links in die *Speierhügelschneise*, von hier bis zur Hochspannungsleitung und nach der zweiten Steigung nach rechts auf die *Hanauer Straße*, die nach Arheilgen zurückführt.

Einkehrmöglichkeiten: Langen: Nach der Kläranlage rechts ab nach Egelsbach, Helenenhof,

Darmstädter Straße (Mitte Juli–Mitte August geschlossen)

Der besondere Tip: Eine längere Pause im Wald bei absoluter Ruhe ermöglicht es, Wild zu beobachten.

7 Hügelgräber (Traisa – Messel)

Ausgangspunkt: Niederramstadter Straße
Gesamtlänge: 30 km; 3–4 Stunden
Schwierigkeitsgrad: Leicht hügelige Strecke, besonders für Familien mit Kindern geeignet, da kaum öffentliche Straßen befahren werden. Topographische Karte L 6118 DA-Ost

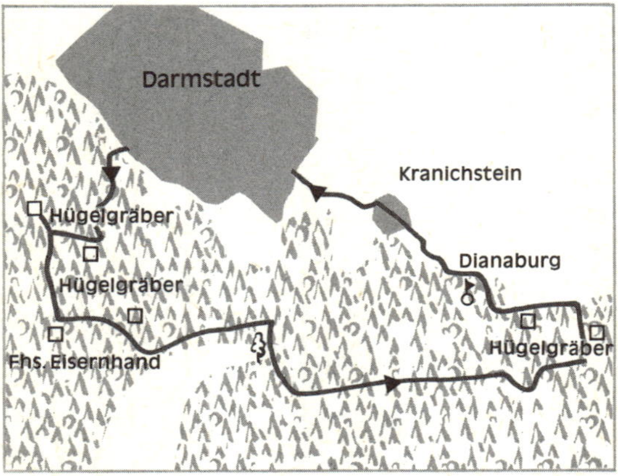

Unsere Tour führt uns vom Sportzentrum am Böllenfalltor nach links auf die *Traisaer Straße* und geradeaus weiter in den *Kirchweg* und in den Wald. Beim Jägerbrunnen liegen rechts im Wald die ersten Hügelgräber. Wir fahren dann links über die Bahnlinie (Wegweiser) und dann nach rechts. Nicht weit von der Abzweigung liegen links vom Weg die nächsten Grabhügel. An der nächsten Abzweigung nach links und geradeaus weiter bis zum Sportplatz bei Traisa (gleich rechts ein Hügel) und zum Forsthaus Eisernhand. Dort links abschwenken, geradeaus weiter, über die Kreuzung mit der Bundesstraße und die Schienen weg und unter der Autobahn durch. An der nächsten Abzweigung liegt links der nächste Grabhügel, dann folgen auf den nächsten 1200 m (Bernhardsackerschneise) in rascher Folge 5 weitere Hügel. Die Hügelgräber im Wald, bis zu 3000 Jahre alt, sind oft nur als flache etwa 1–2 m hohe Erhebungen zu erkennen.

Den nächsten Weg (Brunnersweg) nach rechts abbiegen, an der *Scheftheimer Eiche* geradeaus weiter und diesem Weg auf ca. 5 km folgen, an der Grube Prinz von Hessen vorbei und über die *Dieburger Straße* weg bis zur Einmündung in die Straße nach Messel.

Hier nach rechts bis zur Kreuzung, dort nach links und auf dem rechten der abzweigenden Wege durch das Tor bis zur Kreuzung bei einer Sitzgruppe. Der Weg führt uns hier durch eine schöne, lichte Waldlandschaft. Wir radeln nach

rechts bis zur Hochspannungsleitung. Dann links und nach 500 m liegen wieder 5 Gräber rechts im Wald. An der zweiten Kreuzung fahren wir wieder links (Speierhügelschneise) und zwischen drei weiteren Hügeln durch. Am Ende der zweiten (sanften) Steigung quert die *Hanauer Straße*, auf ihr biegen wir für den Rückweg nach rechts ab. An der Abzweigung beim Verkehrsschild links, über die Dianaburg (Picknick auf der großen Wiese?), dann rechts und an der Bahnlinie entlang nach Kranichstein. Nach dem Bahnhof rechts und der *Jägertorstraße* folgen, wieder rechts auf die *Kranichsteiner Straße* und zurück in die Stadt.
Einkehrmöglichkeiten: Gasthof Laumann, Messel, am Torbogen

Der besondere Tip: Mit der Zeit gewöhnt sich das Auge daran, die Hügel zu erkennen. Dann auch abseits vom Weg suchen!

8 Darmstädter Stadtwald

Ausgangspunkt: Niederramstadter Straße
Gesamtlänge: 20 km; 2 Stunden
Schwierigkeitsgrad: Nur sanfte Steigungen, besonders geeignet für Fahrten mit Kindern, öffentliche Straßen nur auf 600 m. Fahrtroute kann außerdem am Brunnersweg noch weiter abgekürzt werden. Topographische Karte: L 6116 DA-Ost

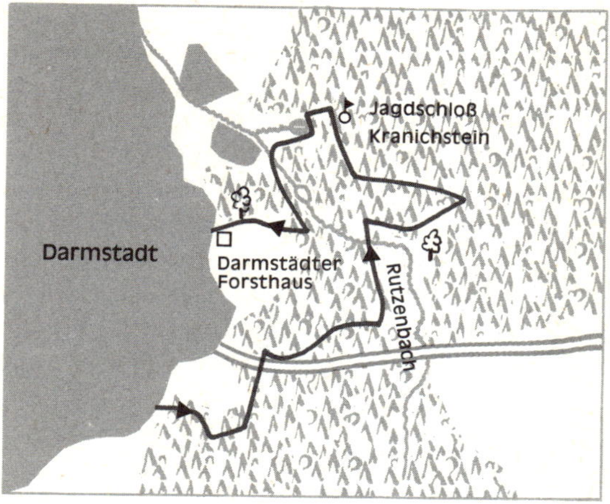

Wir radeln auf der *Niederramstadter Straße* hinter dem Sportzentrum am Böllenfalltor nach links auf die *Traisaer Straße* und geradeaus durch über die Straße in den Wald (Kirchweg). Wir folgen dem Wegweiser über den Bahnübergang, zweigen dahinter an der Wegkreuzung (Sitzbänke) nach links ab und kommen nach kurzer Fahrt über die Autobahnbrücke und nach rechts auf die *B 26*. Hier müssen wir auf 300 m geradeaus weiter, können dann aber nach links in einen schräg abzweigenden Weg einbiegen (Heuweg), der uns über die Bahnlinie zur Einmündung in die *Bernhardsackerschneise* bringt. Geradeaus führt ein Weg zu einer großen Waldlichtung am Rutzenbach (direkt am Weg ziemlich feucht, dahinter trockener). Auf der

Bernhardsackerschneise nach links fahrend, erreichen wir nach ca. 750 m eine Schutzhütte am Bernhardsbrunnen. An der darauffolgenden Kreuzung (Brunnersweg) fahren wir nach rechts zur *Scheftheimer Eiche.* Wir nehmen den mittleren der hier abzweigenden Wege und schwenken an der folgenden Abzweigung in den von hinten links kommenden Weg (Schirmschneise), auf dem wir nach 2 km wieder die Bernhardsackerschneise kreuzen. Jetzt wieder rechts, über die Straße nach Dieburg weg bis zur Kreuzung mit der Kernschneise. Hier müssen wir links ab, dann wieder links und um den Kranichsteiner Schloßteich herum (Enten füttern). Die Fortsetzung dieses Weges bringt uns wieder zur Kreuzung mit der Straße nach Dieburg beim Oberwaldhaus (Gaststätte). Hier jenseits der Straße geradeaus bis zur Kreuzung in den *Brunnersweg*, in den wir rechts einbiegen, um über den Parkplatz am Fasanerietor und die *Dieburger Straße* wieder zur Innenstadt zu kommen.
Einkehrmöglichkeiten: Oberwaldhaus

9 Otzberg

Ausgangspunkt: Dieburger Straße
Gesamtlänge: 50 km; 5–6 Stunden
Schwierigkeitsgrad: Tour mit mäßigen Steigungen, daher für Kinder und Jugendliche weniger geeignet. Öffentliche Verkehrsstraßen ab und bis Roßdorf. Topographische Karte: L 6118 DA-Ost.

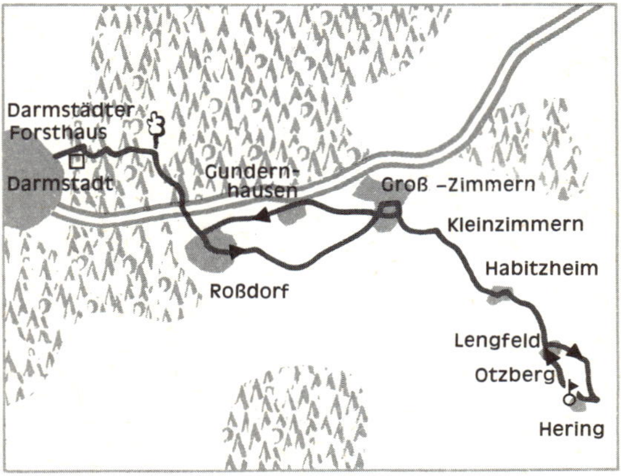

Wir verlassen die *Dieburger Straße* beim Parkplatz hinter dem Tor zur Fasanerie nach rechts und folgen dem mit einem *weißen Z* bezeichneten Weg geradeaus bis zur *Scheftheimer Eiche.* Dort zunächst links des Baumes dem *weißen Z* nach, dann aber geradeaus und über Autobahn und Bahnlinie weg nach Roßdorf. Ab der Sperre folgen wir der *B 26* und biegen an der Kirche nach rechts in Richtung Reinheim ab. Hinter dem Ort folgen wir auf etwa anderthalb Kilometer der *B 38*, schwenken aber an der Abzweigung nach Oberramstadt und Zeilhard nach links in den Feldweg ein. Bei anhaltend nasser

Witterung (Herbst), oder wenn wir ein Stück schlechten Weges scheuen, weichen wir über Gundernhausen nach Groß-Zimmern aus. Auf diesem Weg radeln wir bis Groß-Zimmern. Schon auf der Höhe, hinter Roßdorf, erkennen wir unser Ziel, den steil aufragenden Klotz des Otzberges. In Groß-Zimmern biegen wir gleich in die *Schillerstraße* ein, an deren Ende nach rechts ab und überqueren die Bahngleise. Weiter

über Klein-Zimmern und Habitzheim nach Lengfeld bis zur Kirche, dann nach links, wo wir auf dem ansteigenden Weg zu den Häusern von Zipfen gelangen. Hier folgen wir dem Wegweiser Hering/Otzberg und steigen auf 1500 m Strecke um 100 m an, dann, an der Abzweigung zum Otzberg, haben wir auf 340 m Höhe den Sattel der Bergnase erreicht, auf deren vorderen Spitze unser Ziel liegt.
Die 800 m zum Ort sind recht eben, dann geht es noch einmal kurz und dramatisch hoch zur Burgruine auf 368 m.
Wer lieber ein Stück schiebt, hält sich in Lengfeld nach Höchst (B 426) und biegt beim Gewächshaus hinter dem Ort rechts ab in den Feldweg. Den Schlüssel zum Turm erhält man im Gasthof.
Oben angelangt, liegt das ganze letzte Stück unseres Weges vor uns. Am Waldrand rechts unsere Anstiegs-Straße, weiter links der Ort Lengfeld (hier führt ein betonierter Feldweg hin, der auch unser Rückweg sein wird), dahinter Habitzheim und weiter hinten bei klarer Sicht Klein-Zimmern und links daneben Groß-Zimmern.
Wir verlassen den Burgberg und fahren bis zur *Hauptstraße* des Ortes zurück (Odenwaldstraße), wo wir links abbiegen. Diese Straße endet an der Einmündung des Burgwegs. Hier fahren wir rechts hinunter, links ab den Hang hinab bis auf die Bundesstraße (Vorsicht, rechtzeitig bremsen!). Dann links weiter, nach Lengfeld

hinein und über Habitzheim und Klein-Zimmern dem Wegweiser nach Groß-Zimmern folgen.
An der Kreuzung nach der Kirche links und gleich wieder rechts nach Gundernhausen abbiegen. In Gundernhausen die dritte Straße nach rechts, gleich wieder links auf den Weg aus dem Ort heraus und weiter geradeaus, über die Kreuzung mit der B 38 weg und unter der Bahnlinie durch bis zur Einmündung (jetzt Alte Dieburger Straße) in den *Brunnersweg* in Roßdorf. Auf diesem Weg rechts ab und aus dem Ort hinaus, über die Autobahn weg bis zur *Scheftheimer Eiche.* Dort nach links und mit unserer Markierung, dem *weißen Z,* bis zum Darmstädter Forsthaus und auf der *Dieburger Straße* zurück zur Stadt.
Einkehrmöglichkeiten: Waldeck, an der Einmündung von Lengfeld her; Otzberg: Ritterkeller, Talstraße; Krone, Hauptstraße und Burggasthof

Der besondere Tip: Diese Tour sollte vor allem bei klarem Wetter unternommen werden, um den herrlichen Ausblick von der Höhe des Otzberges herunter über die Ausläufer des Odenwaldes in Richtung Dieburg und Babenhausen genießen zu können.

10 Lindenfels

Ausgangspunkt: Niederramstadter Straße
Gesamtlänge: ca. 65 km
Schwierigkeitsgrad: Sehr schwierige Odenwald-Tour mit zahlreichen und langen Steigungen, nur für gut trainierte und ausdauernde Fahrer. Größtenteils auf öffentlichen Verkehrsstraßen. Topographische Karten: L 6118 DA-Ost und L 6318 Erbach

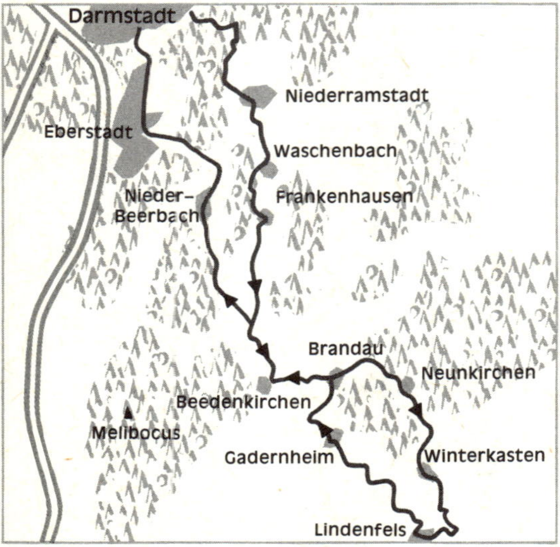

Auf der *Niederramstadter Straße* am Friedhof vorbei zum Sportplatz am Böllenfalltor. Dort links und von der *Traisaer Straße* geradeaus weiter in den *Kirchweg* (Schranke), der später nach links über die Bahnlinie weg (Wegweiser) abbiegt. Unser Weg führt dann wieder rechts, am Waldspielplatz Birkenwasser vorbei und an der Brücke über die Bahnlinie abermals rechts. An der Bahnlinie entlang, links ab auf den Weg, der in Traisa auf die Straße In der Röde trifft; hier fahren wir aber nach rechts (Waldstraße) bis zur Kreuzung mit der Bundesstraße und schwenken jenseits dieser etwas nach links in den *Papiermüller Weg* ein und radeln am Waldrand entlang hinter den Häusern weiter. Nach ca. 800 m wenden wir uns bei der dritten Schranke nach links (In der Wildnis). Wir fahren über die *Dornwegshöhstraße* geradeaus durch bis an die Modaubrücke und die Kirche von Niederramstadt, hier nach rechts und den Wegweisern nach Neutsch und Frankenhausen nach. Die Straße folgt dabei dem Waschenbach und steigt auf 5 km von 173 m Höhe (Niederramstadt) auf 320 m Höhe (Frankenhausen) auf ganzer Länge mäßig bis stark an (durchschnittliche Steigung 3%, maximal ca. 10% hinter Waschenbach auf 150 m). In Frankenhausen lenken wir nach rechts in die *Felsbergstraße* und folgen dann dem Wegweiser nach Oberbeerbach. Noch einmal geht es steil hoch, dann radeln wir auf dem Bergrücken in 350–360 m Höhe immer geradeaus. Rechts vor uns kommt jetzt die Kuppe des Melibocus ins Blickfeld, zwischendurch eröffnet sich uns ein Blick weit in die Rheinebene hinein und links

über die Ausläufer des Odenwaldes bis zum jenseitigen Anstieg.
Der Weg (Hutzelstraße) fällt nun langsam wieder ab und nach etwa 1 km (von der Kuppe ab) zweigen wir nach links in die Straße von Oberbeerbach nach Lautertal (Wegweiser) und Brandau ein und fahren am Ortseingang von Beedenkirchen geradeaus dem Wegweiser nach Brandau nach. Ab Brandau folgen wir den Wegweisern über Neunkirchen und Winterkasten nach Lindenfels. Die Strecke von Brandau bis hinter Neunkirchen stellt dabei weitere hohe Anforderungen an die Kondition: sie steigt auf 4 km um 230 Höhenmeter an, das sind durchschnittlich fast 7%, maximal ca. 13% auf 200 m vor Neunkirchen. Nach Neunkirchen fahren wir aber nur hinein, wenn uns nach einer Gaststätten-Pause zumute ist, sonst radeln wir oberhalb auf der Straße vorbei. Dann aber ist mit 550 m Höhe hinter Neunkirchen der höchste Punkt erreicht, und bis vor Lindenfels belohnt uns eine fast 5 km lange Abfahrt für die Mühsal. Hinter Winterkasten wird bereits der Blick frei ins Tal des Mergbaches, der ab Beerfurth dann Gersprenz heißt.

Nach dieser Abfahrt geht es allerdings noch einmal 2 km auf der *B 47* (rechts ab) stetig bergauf, bis auf einem Bergsporn Stadt und Burg Lindenfels in Sicht kommen. Bevor wir uns in Lindenfels für die Rückfahrt stärken, sollten wir den schönen Rundblick von der Burg genießen. Café-Terrassen finden wir dann z. B. im Hotel Odenwald und im Hotel Am Bitzebuckel, beide an der B 47 gelegen.

Für den Rückweg müssen wir zunächst, wollen wir nicht noch einmal nach Neunkirchen hinaufsteigen, 7 km, das ist etwa eine halbe Stunde, die *B 47* in Richtung Bensheim bis Gadernheim benützen, dann können wir rechts abbiegen nach Brandau. Von hier aus führt uns eine mäßige Steigung (wir sind von hier gekommen) über Beedenkirchen nach Oberbeerbach, und wir folgen von da an dem Lauf des Beerbaches. Wenn hinter Niederbeerbach nach der Waldmühle die Straße nach rechts abzweigt und links der Waldrand zurücktritt, biegen wir links in den *Hainweg* nach Eberstadt ein und gelangen auf ihm zur *Odenwaldstraße* in Eberstadt.

Zurück ins Zentrum nehmen wir nicht die stark befahrene Heidelberger Straße, sondern die rechts parallel verlaufende *Heinrich-Delp-Straße*, und dann den Radweg der *Heidelberger Straße*.

Einkehrmöglichkeiten: Hotel Am Bitzebuckel und Hotel Odenwald, Lindenfels, an der B 47

11 Frankenstein (über Oberramstadt)

Ausgangspunkt: Dieburger Straße
Gesamtlänge: 35 km; 4–5 Stunden
Schwierigkeitsgrad: Bergtour mit mäßigen Anforderungen, zum größeren Teil auf öffentlichen Verkehrsstraßen. Ungeübtere können über Niederbeerbach abkürzen. Topographische Karten: L 6118 DA-Ost und L 6318 Erbach

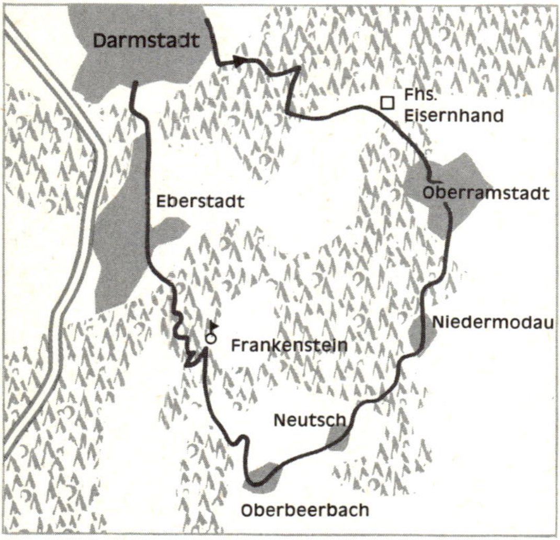

Von der *Dieburger Straße* beim Parkplatz am Tor der Fasanerie radeln wir nach rechts und folgen dem mit einem *weißen Z* bezeichneten Weg, bis 400 m nach der Waldlichtung am Rutzenbach (oberhalb des Steinbrücker Teichs) die Bernhardsackerschneise nach rechts abbiegt. Wir fahren geradeaus und jenseits der Straße nach Roßdorf weiter bis zum alten Forsthaus Eisernhand. Hier biegen wir in den Weg, der rechts am Forsthaus am Waldrand entlangführt, nach Oberramstadt. In Oberramstadt geradeaus über die Straße nach Roßdorf weg, über die Schienen und am Bahnhof vorbei auf die *B 426* (der Fahrtrichtung folgend links ab). Jetzt müssen wir gleich wieder rechts (Ernst-Ludwig-Straße), dann links ab in die *Baustraße,* geradeaus aus dem Ort heraus und auf einem gut befahrbaren Waldweg am Waldrand entlang durch den Wald. Am Waldrand bei den Sitzbänken steht eine Tafel mit einem Hinweis auf den hier früher betriebenen Silberbergbau. Dann auf die Straße nach Niedermodau und auf deren Radweg weiter. Am Ortsende von Niedermodau verlassen wir das Modautal nach rechts und folgen einem stillen Seitental nach Neutsch; die Straße steigt dabei auf 4 km Länge um 120 m an.

In Neutsch beim Haus Nr. 25 rechts ab und mit dieser Straße aus dem Ort und über den Bergrücken nach Oberbeerbach hinunter. Die Abfahrt um 50 Höhenmeter verläuft größtenteils im Ort selbst (Achtung auf Straßenzustand). An der Straße im Talgrund (Schaukasten des SKG Oberbeerbach) nach rechts in Richtung Niederbeerbach, aber ca. 700 m nach der Abzweigung nach Seeheim nach links in einer langanhaltenden Steigung zur Ruine Frankenstein hinauf (114 m Höhenunterschied auf 3 km, am Anfang auf 200 m und 600 m stärker, dann geringer ansteigend).

Die Aussicht über die ganze Rheinebene weg und tief in den Odenwald hinein zeigt die vorzüglich ausgewählte Lage dieser mittelalterlichen Burg, die nach ihrer Erbauung um 1250 dem hier wohnenden Geschlecht ihren Namen gab. Interessant ist der nach hinten offene Torturm der inneren Burg, der also nur zur Verteidigung nach außen, nicht aber – von Belagerern – zum Angriff auf die Burg selbst benützt werden konnte. Die Anlage wurde vom 14. bis zum 16. Jahrhundert erweitert und 1893 in den heutigen Zustand restauriert. Oben bei der Burg ein Restaurant und im Sommer ein Souvenirladen mit Getränken.

Zur Abfahrt kann die Fahrstraße am westlichen Abhang des Schloßberges benützt werden; sie zieht in vielen Windungen nach Eberstadt hinunter. Von der Kreuzung mit der Ringstraße kann, indem man rechts abbiegt, die parallel zur Heidelberger Straße führende *Heinrich-Delp-Straße* zum Zentrum benützt werden.

Einkehrmöglichkeiten: Burgrestaurant Frankenstein

Der besondere Tip: Tour bei klarer Sicht unternehmen, um die Aussicht in die Rheinebene genießen zu können.

12 Lichtenberg (über Reinheim–Ernsthofen)

Ausgangspunkt: Niederramstadter Straße
Gesamtlänge: 47 km; 6 Stunden
Schwierigkeitsgrad: Hügelige Tour mit mäßigen Schwierigkeiten, die sich aber durch Schieben überwinden lassen. Gute Kondition Voraussetzung. Öffentliche Straßen besonders zwischen Groß-Bieberau und Oberramstadt. Topographische Karten: L 6118 DA-Ost und L 6318 Erbach

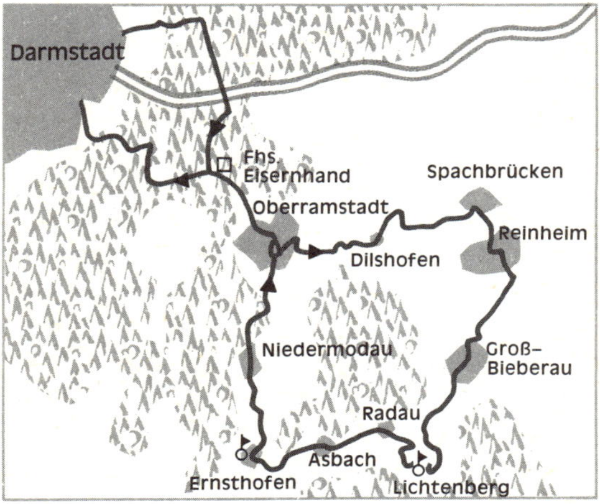

Vom Sportzentrum am Böllenfalltor nach links auf die *Traisaer Straße*, dann geradeaus weiter in den *Kirchweg* und im Wald nach links über die

Bahnlinie (Wegweiser). Dann rechts, bei der Brücke über die Bahn links und geradeaus durch bis zum Forsthaus Eisernhand. Hier geradeaus weiter am Waldrand entlang auf Oberramstadt zu. Weiter geradeaus über die Straße nach Roßdorf weg, dann am Bahnhof vorbei auf die *B 426.* Wieder nach links und vor bis zum Wegweiser nach Großzimmern-Dieburg. Ihm folgend links ab, an der Kirche vorbei und auf der Straße bis zur Bahnlinie, dann rechts ab und dem befestigten Weg nach. An dessen Einmündung biegen wir erneut links ab über die Hügelkuppe weg. Wer will, kann auch am Friedhof (links ab, Wegweiser) hochschieben und gelangt geradeaus weiter zu derselben Kuppe. Von 245 m Höhe geht der Weg dann auf 175 m hinunter, wobei allerdings 500 m nach der Brücke über die Bahnlinie eine starke, unübersichtliche Links-rechts-Zickzack-Kurve die Fahrt unterbricht (also rechtzeitig bremsen!). Bei den Häusern von Dilshofen links ab und der Straße nach zur beschilderten Wegkreuzung vor Zeilhard. Hier wieder rechts den Hang abwärts, dann bis Spachbrücken im Talgrund bleiben.
In Spachbrücken rechts ab, am Sportplatz vorbei nach Reinheim (Radweg), dort nach den Schienen links (Richtung Flugplatz), dann rechts in Richtung Lengfeld und geradeaus weiter in Richtung Ueberau. Am STOP-Schild Abstecher nach rechts, Fachwerkhäuser, Kirchturm mit Fachwerk-Obergeschoß, Schlößchen von 1695. In Ueberau die erste Straße nach rechts (Groß-

Bieberauer Straße) abbiegen und rechts halten; wir fahren jetzt an der Gersprenz entlang und mit dem Weg nach Groß-Bieberau.
Hier nach links in den Ort hinein, dann zweigen wir ab nach Gadernheim und Lichtenberg.
Dabei haben wir zwei Möglichkeiten: Wenn wir Wert darauf legen, zunächst eben zu fahren und am Schluß ein kleines Stück zu schieben, halten wir uns links und kommen in Richtung Fischbachtal über Niedernhausen zur Lichtenberg. Wollen wir aber die Steigung (von 173 auf 258 m) auf gleichmäßiger Strecke bezwingen, halten wir uns rechts direkt nach Lichtenberg.
Das Schloß liegt auf einem deutlichen Bergsporn und wurde 1570–81 an der Stelle einer älteren Burg von den Landgrafen von Hessen-Darmstadt erbaut. Baumeister war derselbe Architekt (Jakob Kesselhut), der auch den Ostgiebel von Schloß Kranichstein entwarf. Westlich des Städtchens ein zur Befestigung der Siedlung gehörender Turm.
Wir verlassen Lichtenberg auf der Straße vom Berg herunter geradeaus und radeln mit der *Vorfahrtsstraße* nach rechts über Rodau und Asbach nach Ernsthofen. Dort lohnt sich ein kleiner Abstecher zum ehemaligen Wasserschloß (erst links, dann rechts, Schloßstraße), von dem allerdings nur der Turm (16./17. Jahrhundert) über die Mauer lugt (heute Kinderheim). Von Ernsthofen dann nach Niedermodau. Am Ende des Radweges (links der Straße) hinter Niedermodau nach links auf den Weg in den Wald und die-

sem Weg bis Oberramstadt folgen (im Ort rechts ab in die Ernst-Ludwig-Straße). Nach der Bushaltestelle Alicenweg fahren wir rechts hoch zum Bahnhof und folgen diesem Weg weiter bergauf bis zum Forsthaus Eisernhand.
Geradeaus weiter, bis wir die Bahnlinie erreichen. Dort biegen wir vor der Brücke rechts ab, am Birkenbrunnen vorbei, wenden uns dann nach links über die Bahnlinie und erreichen über den *Kirchweg* den *Böllenfalltorweg* und die *Niederramstadter Straße*.
Einkehrmöglichkeiten: Schloß Lichtenberg, Lichtenberg, Landgraf-Georg-Straße

Der besondere Tip: Außer der eindrucksvollen Architektur des Renaissanceschlosses lohnt das Heimatmuseum im Schloß einen Besuch.

13 Ins Ried um Geinsheim (Leeheim – Wallerstädten)

Ausgangspunkt: Eschollbrücker Straße
Gesamtlänge: 60 km; 6–7 Stunden
Schwierigkeitsgrad: Ebene Stecke, keine Steigungen, die Tour stellt aber Anforderungen an die Kondition. Öffentliche Straßen im wesentlichen nur zwischen Pfungstadt und Goddelau (Leeheim). Topographische Karte: L 6116 DA-West

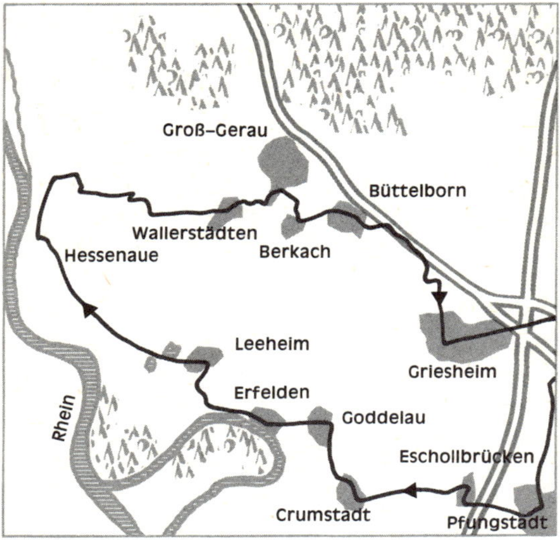

Auf dem Radweg der *Eschollbrücker Straße* bis zur ersten Autobahnbrücke, dann gleich nach links und mit dem Weg nach rechts in die *Sandschollenschneise.* Geradeaus durch kommen wir zur *Klingsackerstraße* in Pfungstadt und zu deren Einmündung in die B 426. Hier biegen wir rechts ab und folgen der Abzweigung nach Eschollbrücken (Radweg). In Eschollbrücken dann rechts bis zur Abzweigung nach Riedstadt und hier links ab über Philippshospital und Goddelau nach Erfelden (Radweg; Vorsicht beim Überqueren der B 44!). Wir folgen der Richtung nach Leeheim, am Altrhein entlang und über den Bensheimer Hof. In Leeheim zweigen wir bei der Telefonzelle nach links ab (Kammerhofweg). Der Weg führt von Leeheim aus zwischen den Baggerseen (Anglerseen) durch, an Geinsheim vorbei, geht an den Wohnwagenplätzen links versetzt auf die Aussiedlerhöfe der Hessenaue zu und biegt dann nach rechts ab. In dieser Rechtskurve fahren wir in den links abgehenden Weg, mit diesem Weg nach rechts und zweimal links versetzt weiter bis zur Kreuzung mit dem Weg von der Rheinwacht (Gasthaus) herunter (Vorfahrtsschild). Hier rechts ab und hinter der Brücke über den Graben in den Weg nach rechts zum Bauernhof hin einbiegen. Vor der nächsten Brücke über denselben Graben fahren, dann links auf dem Weg am kleineren Graben bis zur Einmündung in die Straße von Trebur. Hier biegen wir rechts ab, nach 200 m gleich wieder links, vor dem Hof in den nächsten Weg. Mit diesem befestigten Weg nach rechts, an der nächsten Wegkreuzung im freien Feld nach links und geradeaus durch bis Wallerstädten. Hier radeln wir zunächst in Richtung Groß-Gerau weiter. Am Ortsende biegen wir rechts in den ausgeschilderten Radweg nach Groß-Gerau, bleiben im Ortsteil Auf Esch auf dem *Europaring* bis zur Ampel an der B 44 und fahren geradeaus weiter in den Stadtteil Dornberg. Wir folgen diesem Straßenzug, halten uns dann links (Verbotsschild) und fahren auf dem befestigten Feldweg bis zum Ortseingang von Berkach. Wir schwenken links ab, überqueren die Bahnlinie und folgen in Büttelborn dem

Wegweiser nach Griesheim, fahren aber am Ortsende geradeaus ins Gewerbegebiet weiter.
Dann folgen wir dem asphaltierten Weg bis zur Autobahntankstelle und halten uns am Fuß der Brückenauffahrt rechts. An der Einmündung nach links gelangen wir auf ein ziemlich schlechtes Wegstück, dann wieder rechts und geradeaus (nach der Brücke über den Graben ist der Weg betoniert) nach Griesheim. Hier lenken wir von der *Schöne-Weiber-Gasse* nach links auf die *Wilhelm-Leuschner-Straße* und radeln auf der Parallelstraße bzw. dem Radweg zurück zur Innenstadt.
Einkehrmöglichkeiten: Gasthaus „Rheinwacht“ zwischen Hessenaue und Trebur.

14 Neckarschlingen (Büttelborn – Crumstadt)

Ausgangspunkt: Bismarckstraße
Gesamtlänge: 42 km; ca. 4–5 Stunden
Schwierigkeitsgrad: Ebene Strecke, zum größten Teil gut ausgebaute Fahrwege, auf 14 km Autostraßen. Topographische Karte: L 6116 DA-West

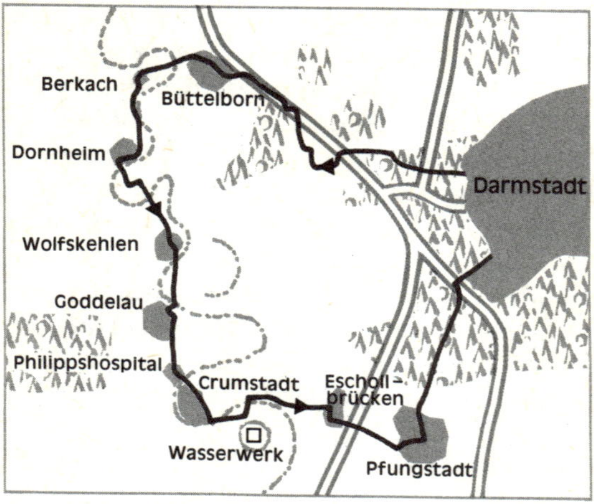

„Der Neckar hier bei Darmstadt?“ werden Sie sich fragen, und das nicht zu Unrecht. Einige tausend Jahre ist es tatsächlich her, daß der Neckar hier durchfloß, aufgestaut und nach Norden abgelenkt durch die Schottergürtel, die der Rhein nach seinen Hochwassern links und rechts seines Laufs angehäuft zurückließ. Dadurch konnte der Neckar nicht wie heute bei Mannheim in den Rhein münden, sondern schlängelte sich (daher Neckar-„schlingen“) von Heidelberg an Weinheim, Heppenheim, Bensheim und Griesheim vorbei, bis er endlich zwischen Groß-Gerau und Rüsselsheim den Rhein erreichte. Dieses alte Neckarbett verlandete, nachdem der Neckar bei Mannheim durchgebrochen war, und diente den Bächen der Umge-

gend weiterhin als Sammelrinne. Um nun diese Reste alter Neckarschlingen zu erreichen – wir folgen ihnen in entgegengesetzter Richtung, von Nord nach Süd – verlassen wir die Innenstadt auf der *Bismarckstraße,* überqueren die Gleisanlagen nördlich des Hauptbahnhofes, fahren durch die Waldkolonie und biegen bei der Plakatwand rechts in den *Dornheimer Weg* ein, über die Autobahn (A 5) weg und radeln nach den Schienen links weiter (immer noch dem Dornheimer Weg folgend). Wir überqueren auch die A 67, biegen aber nach der Brückenabfahrt jetzt rechts ab, ca. 600 m danach wieder rechts und folgen dem Weg, bald darauf links versetzt an der Autobahntankstelle vorbei bis Büttelborn.
Büttelborn liegt schon am Rand des alten Flußlaufs; indem wir den Ort von der *Hauptstraße* (sehr schönes Fachwerk-Rathaus) links ab in Richtung Berkach verlassen, durchqueren wir das alte Neckarbett. In Berkach (gleichfalls schönes Fachwerk-Rathaus) zweigen wir von der Vorfahrtsstraße (Büttelborner Straße) nach links in die *Dornheimer Straße* ein, fahren dann rechts auf die *Brückenstraße* und nach der Brükke nach links auf den „Rad- und Fußweg nach Dornheim". Wir halten uns jetzt bis Dornheim genau am alten Flußufer. Linker Hand fällt das Gelände etwa 1,5 m tief ab, der alte Lauf des Neckars ist in einer Baumreihe zu verfolgen, das alte Strombett erstreckt sich fast bis zum gegenüberliegenden Waldrand.
Am Rand von Dornheim geradeaus weiter in die

Heißfeldstraße und an deren Ende nach rechts. An der Ampel dann geradeaus in die *Rheinstraße* und vor dem Ortsschild nach links (Friedhof). Die Sportplätze links liegen wieder im alten Neckarbett; wir fahren aber geradeaus und durchqueren wieder die Pappelreihe im alten Strombett (jetzt Scheidgraben). Am Waldrand nach links abschwenken und an den Höfen vorbei zur B 44. Hier (vorsichtig!) nach rechts zur Abzweigung nach Wolfskehlen, dort nach links auf der *alten Bundesstraße* nach Goddelau (Radstreifen). An der Kirche in Goddelau links ab in Richtung Crumstadt/Pfungstadt (Radweg rechts). Zwischen Wolfskehlen und Goddelau haben wir den Neckar gleich zweimal „überquert“, hier fließt der Scheidgraben als Sammler der Entwässerung in den alten Flußlauf; er mündet bei Büttelborn in den Landgraben, der seinerseits das Land westlich von Griesheim entwässert. Zwischen Philippshospital und Crumstadt überqueren wir den in entgegengesetzter Richtung fließenden Sandbach, der als Schwarzbach bei Stockstadt in den Altrhein fließt; dieser Kanaldurchbruch ist künstlich angelegt.
In Crumstadt geht bei der Kirche unser Weg geradeaus weiter (Poppenheimer Straße). Wir zweigen nach rechts und fahren geradeaus an einem ca. 1 km entfernten Hofgut vorbei, das bezeichnenderweise „Wasserbiblos“ heißt. Es liegt auf dem Umlaufberg einer alten Neckarschlinge. Am Ende des Weges nach links abbiegend, durchqueren wir wieder das Flußbett und kom-

men auf die Straße von Crumstadt nach Eschollbrücken, die genau am alten Neckarlauf entlangführt (nach rechts deutlicher Geländeabfall).
Von Eschollbrücken in Richtung Pfungstadt weiter (erst rechts, dann links) und in Pfungstadt auf der *B 426* links ab bis zur Abzweigung der Klingsackerstraße vor dem Güterbahnhof. Hier links und der Straße nach in den Wald. Geradeaus die *Sandschollenschneise* entlang bis zur Einmündung auf die *Eschollbrücker Straße* bei der Autobahnbrücke, dann auf dem Radweg dieser Straße weiter zum Zentrum.
Einkehrmöglichkeiten: Riedhalle am Sportfeld, Dornheim

Der besondere Tip: Wenn die Äcker frisch gepflügt sind, kann man gut die unterschiedlichen Färbungen des Bodens erkennen.

15 Naturschutzgebiet Kühkopf

Ausgangspunkt: Eschollbrücker Straße
Gesamtlänge: 51 km; 5 Stunden
Schwierigkeitsgrad: Ebene Strecke, keine Steigungen, zwischen Pfungstadt und Goddelau bzw. Stockstadt und Pfungstadt öffentliche Straßen. Topographische Karte: L 6116 DA-West

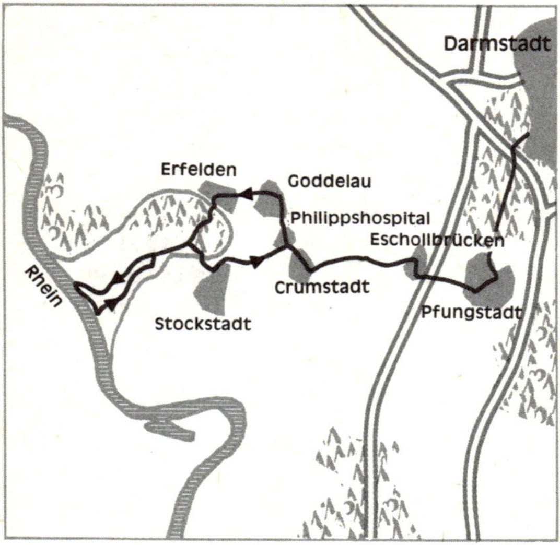

Von der *Eschollbrücker Straße* gleich nach der ersten Autobahnbrücke nach links und mit dem Weg nach rechts in die *Sandschollenschneise.* Geradeaus durch bis zur *Klingsackerstraße* in Pfungstadt und zu deren Einmündung in die *B 426.* Hier biegen wir rechts ab und folgen der Abzweigung nach Eschollbrücken (Radweg). In Eschollbrücken dann rechts bis zur Abzweigung nach Riedstadt. Wir schwenken links ab und fahren über Crumstadt, Philippshospital und Goddelau nach Erfelden (Radweg, Vorsicht beim Überqueren der B 44). In Erfelden halten wir uns links in Richtung Stockstadt, fahren aber

nur bis zum Altrhein (Parkplatz) und dort über den Steg (Wegetafel) auf die Kühkopf-Insel. Wir folgen dem Weg durch den Wald bis zur Abzweigung und radeln dann links und gleich wieder rechts. Hier beginnt der Rundweg, der an mehreren Schutzhütten vorbei durch das Naturschutzgebiet bis zum Rhein und in einer Schleife wieder zum Ausgangspunkt zurückführt. Haben wir diese Wegkreuzung im freien Feld wieder erreicht, lenken wir nach rechts und kommen am Hofgut Gundernhausen vorbei über den Altrhein nach Stockstadt.
Hinter dem Damm mündet unser Weg in die *B 44* ein. Wir halten uns links bis zum Ortsende und zweigen dann rechts in die ausgeschilderte Straße nach Philippshospital, wo wir rechts nach Crumstadt und Pfungstadt abbiegen. In Eschollbrücken gleichfalls in Richtung Pfungstadt weiter (erst rechts, dann links) und in Pfungstadt auf der *B 426* links ab bis zur Abzweigung der *Klingsackerstraße* vor dem Güterbahnhof. Hier fahren wir links und der Straße nach in den Wald, dann geradeaus weiter der *Sandschollenschneise* nach bis zur Einmündung auf die *Eschollbrücker Straße,* dann auf dieser weiter zum Zentrum.
Einkehrmöglichkeiten: Bauernstube, Stockstadt, Oberstraße

Der besondere Tip: Genügend Zeit einplanen, um Pflanzen und Tiere zu beobachten. Schwäne füttern.

16 Naturschutzgebiet Landgraben (Griesheim – Büttelborn)

Ausgangspunkt: Heidelberger Straße über Eberstadt, über Rheinstraße nach Griesheim verkürzt auf 38 km.
Gesamtlänge: 41 km; 4–5 Stunden
Schwierigkeitsgrad: Ebene Strecke, keine Steigungen, kaum öffentliche Straßen. Topographische Karte: L 6116 DA-West

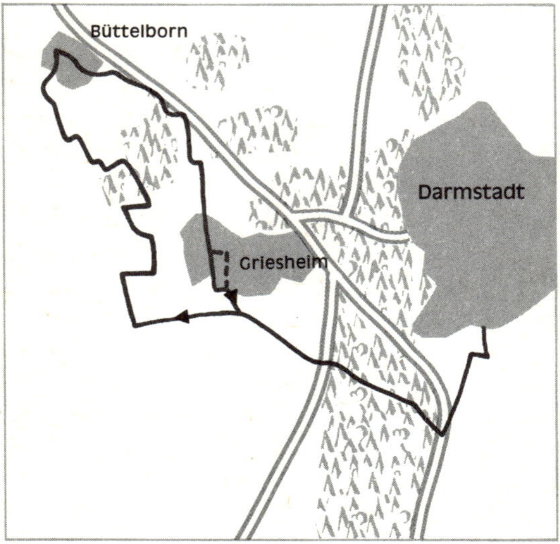

Von der *Heidelberger Straße* an der Lincoln-Siedlung vorbei. Hinter der Ampel an der *Cooper-Straße* nach rechts in den (unbeschilderten)

Grenzweg, dann links in die *Mühlschneise* bis zum Waldsportplatz. Hier fahren wir nach rechts über die Schnellstraße und unter der Autobahn durch auf den Waldweg und folgen diesem bis zur Schutzhütte. Dann biegen wir links in die *Hundschneise* ab und radeln auf dieser geradeaus weiter (teilweise schlechter Wegzustand) über die *Eschollbrücker Straße* weg (ab hier geteert und von Autos befahren) bis Griesheim. Vor Griesheim an der Gärtnerei nach links durch die Spargelfelder (teilweise schlechter Weg auf 500 m), dann rechts versetzt weiter geradeaus und über die Straße nach Griesheim weg zu den Aussiedlerhöfen.
Mit dem Weg weiter bis zur Hochspannungsleitung. Dort wenden wir uns nach rechts und folgen dem Weg bis zur B 26. Nach rechts abbiegen, dann bis zur nächsten Straße und nach links (Grillhütte und zum Klärwerk). Unser Weg führt an der Wegkreuzung noch einmal links (geteerter Weg am Graben entlang), wir folgen ihm und müssen vor dem Waldrand wieder rechts bis zur Einmündung in die Straße nach Büttelborn.
Wir folgen dieser Straße auf etwa 1 km nach links und biegen hinter dem Waldrand in den ersten Weg links ein. Mit diesem Weg fahren wir erst rechts, dann an der Einmündung links, wieder rechts und an der folgenden Kreuzung links ab. Nach diesem etwas komplizierten Zick-Zack-Kurs gelangen wir jetzt geradewegs nach Büttelborn und radeln durch bis zur Vorfahrtsstraße.

Hier rechts abschwenken und dem Zug der Straße nach in Richtung Griesheim. Am Ortsende geradeaus weiter ins Gewerbegebiet. Der asphaltierte Weg bringt uns an der Autobahntankstelle vorbei; wir halten uns am Fuß der Brückenauffahrt rechts. An der später folgenden Einmündung kommen wir links auf ein ziemlich schlechtes Wegstück; wieder rechts und geradeaus (nach der Brücke über den Graben ist der Weg betoniert) gelangen wir nach Griesheim. Hier biegen wir von der *Schöne-Weiber-Gasse* nach links auf die übernächste Parallelstraße ab (Friedrich-Ebert-Straße) und verlassen Griesheim in südlicher Richtung bei den Sportplätzen. Auf diesem Weg, 2,5 km mit leichtem Autoverkehr (LKW), bis zur Kreuzung mit der *Eschollbrücker Straße.* Dann geradeaus weiter in den Waldweg (Schranke, steiniger Weg, langsam fahren!) und durch bis zur Schutzhütte, wo wir schräg nach rechts abbiegen (Eberstädter Hausschneise) bis zum Eberstädter Waldsportplatz. Gleich nach der Schnellstraße können wir wieder links abfahren und kommen über die *Mühlschneise* auf die *Heidelberger Straße.*
Einkehrmöglichkeiten: Löwen und Henninger Eck, Büttelborn, Mainzer Straße

Der besondere Tip: Bei der Fahrt ins Naturschutzgebiet lohnt es sich, ein Fernglas mitzunehmen.

17 Ginsheimer Rheininsel

Ausgangspunkt: Rheinstraße
Gesamtlänge: 75 km; 7–8 Stunden
Schwierigkeitsgrad: Ebene Strecke, keine Steigungen, die Tour stellt aber Anforderungen an die Kondition. Öffentliche Straßen im wesentlichen nur zwischen Pfungstadt und Leeheim. Topographische Karte: L 6116 DA-West

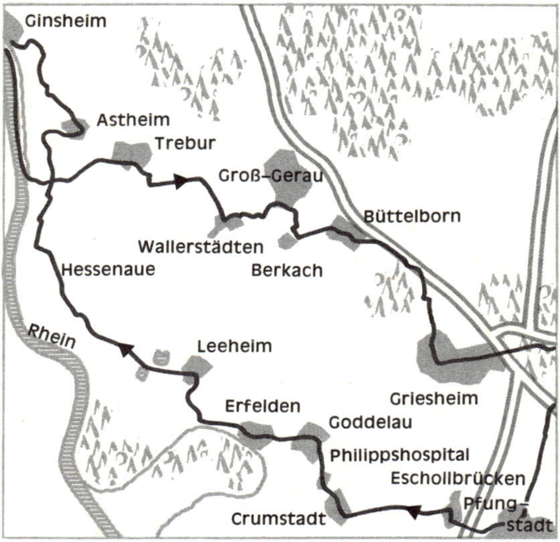

Diese Radtour führt uns von der *Eschollbrücker Straße* gleich nach der Autobahnbrücke nach links. Wir folgen diesem Weg dann nach rechts in die *Sandschollenschneise* und fahren geradeaus durch bis zur *Klingsackerstraße* in Pfungstadt und zu deren Einmündung in die *B 426*. Hier biegen wir nach rechts ab und folgen der Abzweigung nach Eschollbrücken (Radweg). In Eschollbrücken dann rechts bis zur Abzweigung nach Riedstadt und links ab über Crumstadt, Philippshospital und Goddelau nach Erfelden (Radweg, Vorsicht beim Überqueren der B 44!). Wieder geradeaus durch und weiter in Richtung Leeheim. Am Altrhein entlang und über den großen Bensheimer Hof kommen wir nach Leeheim, wo wir bei der Telefonzelle nach links in den *Kammerhofweg* einbiegen. Unser Weg führt zwischen den Baggerseen von Leeheim durch, geht bei den Wohnwagenplätzen nahe Ginsheim links versetzt weiter zur Hessenaue. Wir folgen in der Siedlung dem in der Rechtskurve links abgehenden Weg über die Wiesen; der Weg bleibt immer in einiger Entfernung vom Rheindamm, geht erst rechts weiter, dann zweimal links versetzt und wieder geradeaus über die Straße von der Rheinwacht (Gasthaus) bis Astheim. Kurz vor dem Ort ist eine schöne Idylle an den Bruchwiesen des Schwarzbachs im alten Mündungsgebiet des Neckars (siehe Tour 14). Wir fahren geradeaus nach Astheim hinein, lenken bei der Kirche nach links in die von Trebur herkommende *Mainzer Straße* und folgen ihr in Richtung Gustavsburg. Am Ortsausgang von Astheim biegen wir nach links auf den Wirtschaftsweg und radeln auf diesem Weg (links vom Damm bleiben, kurzes schlechtes Stück),

am Klärwerk vorbei, zur Straße nach Ginsheim. Hier zweigen wir links ab und fahren beim Parkplatz gegenüber dem Friedhof links in den Feldweg bis zum Damm, dann nach rechts auf der Dammkrone bis zum Ort.
Alle halbe Stunde geht eine Fähre über den Altrhein (DM 1,–). Im Gasthaus „Zur Fähre" können wir eine Pause einlegen, bevor wir auf der anderen Seite die Fahrt fortsetzen. Der Radweg verläuft linker Hand direkt am Altrhein (die Fahrt auf holperiger Strecke braucht mehr Zeit als gewöhnlich) und kehrt nach ca. 5 km Fahrt wieder gegenüber von Nackenheim ans feste Ufer zurück. Hinter dem zweiten Rheindamm überqueren wir unseren Herweg und halten uns geradeaus bis Trebur (schöne Fachwerkhäuser). In Trebur mit der Abzweigung nach Oppenheim/Geinsheim nach rechts, dann biegen wir hinter dem Ort auf dem Parkplatz an der linken Straßenseite in den Feldweg (Verbotsschild) ein und fahren vor bis zur Lagerhalle. Hier nach links und geradeaus durch, bis wir an einer Wegkreuzung links die Aussiedlerhöfe Oberach se-

hen. Hier noch geradeaus weiter, aber an der nächsten Abzweigung nach rechts auf Wallerstädten zu. In Wallerstädten vom Hanfgraben nach links auf die *Hauptstraße* und weiter dem ausgeschilderten Radweg nach bis Groß-Gerau. Am Europaring in Groß-Gerau bleiben wir auf dieser Straße (nicht zur Stadtmitte!) und fahren an der Kreuzung mit der *B 44* geradeaus weiter zum Stadtteil Dornberg. Diesem Straßenzug folgen wir, halten uns beim Verbotsschild links und radeln dem befestigten Feldweg nach bis zum Ortseingang von Berkach. Dann zweigen wir links ab, überqueren die Bahnlinie und folgen in Büttelborn dem Wegweiser nach Griesheim, fahren aber am Ortsende geradeaus ins Gewerbegebiet weiter.
Wir folgen dem geteerten Weg an der Autobahntankstelle vorbei und halten uns am Fuß der Brückenauffahrt rechts. An der Einmündung müssen wir nach links auf ein ziemlich schlechtes Wegstück, dann wieder rechts und geradeaus weiter (nach dem Brückchen ist der Weg wieder betoniert) nach Griesheim.
Hier biegen wir von der *Schöne-Weiber-Gasse* nach links ab und radeln auf der Parallelstraße zur B 26 und auf dem Radweg zurück zur Stadtmitte.
Einkehrmöglichkeiten: Zur Fähre, Ginsheim

Der besondere Tip: Von der Rheininsel Blick auf Oppenheim und Nackenheim.

18 Rundweg West

Ausgangspunkt: Heidelberger Straße
Gesamtlänge: 33 km; 3–4 Stunden
Schwierigkeitsgrad: Ebene Strecke, keine Steigungen, öffentliche Straßen von Worfelden bis Darmstadt. Topographische Karte: L 6116 DA-West

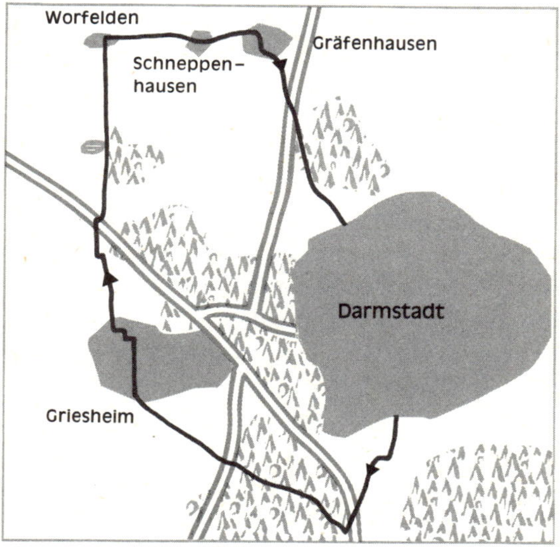

Auf dem Radweg der *Heidelberger Straße* an der Lincoln-Siedlung vorbei. Hinter der Ampel an der Cooper-Straße biegen wir nach rechts in den (unbeschilderten) *Grenzweg*, dann nach links in

die *Mühlschneise* und fahren vor bis zum Eberstädter Waldsportplatz. Hier nach rechts über die Schnellstraße und unter der Autobahn durch auf den Waldweg, dem wir bis zur Schutzhütte folgen. Wir zweigen nach links in die *Hundschneise* ein (teilweise schlechter Wegzustand) und radeln auf dieser Strecke geradeaus über die *Eschollbrücker Straße* weg bis Griesheim. Geradeaus weiter führt unser Weg an den Sportplätzen vorbei und auf die *Friedrich-Ebert-Straße*, der wir folgen, am Friedhof vorbei (links) und wieder rechts auf die *Hofmann-Straße*. Wir müssen jetzt erneut links, um auf die parallel führende *Schöne-Weiber-Gasse* zu kommen. Mit ihr kommen wir dann (nach rechts) auf dem befestigten Weg aus Griesheim heraus.
Am Waldrand können wir linker Hand auf einen parallel führenden besseren Weg und weiter bis zur Brücke über die Autobahn. Nach rechts, über die Brücke und geradeaus auf festem, aber löchrigem Waldweg bis an die B 42 (Baggersee zum Picknicken). Wir fahren jenseits der Bundesstraße (Vorsicht beim Überqueren) geradeaus auf betoniertem Feldweg bis Worfelden.
Hier schwenken wir von der *Pfarrgasse* auf die dritte Straße rechts ab (Oberdorf), folgen der Straße über Schneppenhausen nach Gräfenhausen, wo wir der Vorfahrtsstraße in Richtung Darmstadt folgen. Nach der Autobahnbrücke steht ein Radstreifen zur Verfügung, wir können dann kurz vor der Ampel auf den Wirtschaftsweg an der linken Straßenseite einbiegen, der

uns gefahrlos um die Einmündung in die B 42 herumbringt.
Vor der Bahnunterführung dann vorsichtig auf die Straße zurück. Dahinter nach rechts in die *Pfnorstraße* und über die *Pallaswiesenstraße* (links ab) ins Zentrum zurück.
Einkehrmöglichkeiten: Gasthof Linnert (jugoslawisch), Umweg über Weiterstadt, Darmstadter Straße

Der besondere Tip: Die Fahrt läßt sich mit den Touren 5, 6 und 22 zu einer Gesamt-Umrundung der Stadt kombinieren.

19 Pfungstadter Wald

Ausgangspunkt: Eberstadt, Nußbaumallee oder Pfungstadt, Klingsackerstraße
Gesamtlänge: 22 km; 2–3 Stunden
Schwierigkeitsgrad: Ebenes Gelände, keine Steigungen oder sonstige Schwierigkeiten, öffentliche Fahrstraßen auf 3 km. Für Kinder besonders geeignet ist eine Abkürzung, die diesseits der A 67 bleibt (Pfungstadter Hausschneise, 13 km). Topographische Karte: L 6116 DA-West

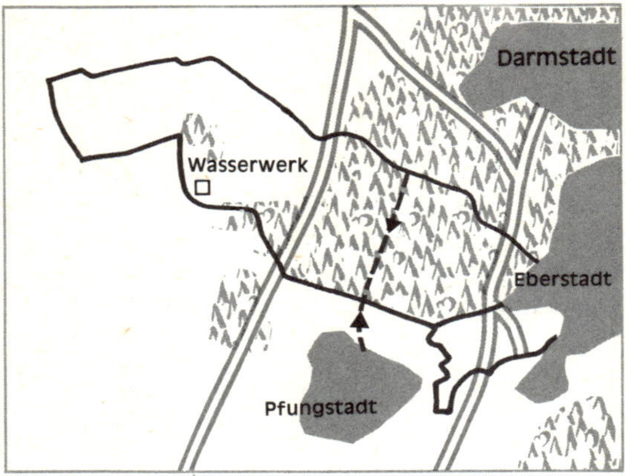

Unsere Fahrt beginnt in Eberstadt beim Gasthaus „Stadt Heidelberg". Wir radeln rechts ab in die *Nußbaumallee* und im Zug der Straße in den Wald, über die B 3, nach links an der Autobahn entlang und unter ihr durch (sandiger Weg), unter der Bahnlinie durch bis an die ersten Häuser von Pfungstadt. Hier biegen wir nach rechts, der Weg geht am Waldrand im Zick-Zack entlang (wir bleiben auf dem inneren Weg), wir schwenken unterwegs rechts in den Wald und im Wald wieder links ein. Der Weg trifft nach der Brücke über die Modau auf die *B 426* von Pfungstadt nach Eberstadt (Ampel), folgt dieser Straße auf 200 m nach rechts und geht dann nach links (Ostendstraße) in das Industriegebiet. Hier fahren wir geradeaus weiter und in den mit einer Schranke gesperrten Weg. Am Ende dieses Weges steht eine Schutzhütte. Wir radeln linker

Hand auf die Straße und mit der Straße nach rechts über die Brücke in Richtung Griesheim, wir zweigen aber etwa 1 km nach dem Wasserwerk vor dem Verkehrsschild der Gegenfahrbahn nach links in den Feldweg ab.
Von Pfungstadt aus kann man diese Strecke übrigens bequem über *Bahnhof-* und *Klingsackerstraße* oder die Landstraße nach Griesheim erreichen (Mainstraße).
Wir folgen diesem Feldweg auf seinen beiden Rechtskurven, nach denen er uns wieder auf die vorhin befahrene Straße zurückbringt. Wir halten uns geradeaus, dann rechts versetzt weiter durch die Spargelfelder zur Großgärtnerei und biegen dort rechts auf den geteerten Weg ab. Nach ca. 2,5 km erreichen wir die *Eschollbrükker Straße* und strampeln jenseits geradeaus weiter (Schranke) auf einem etwas steinigen Weg bis zur Schutzhütte (Hundschneise). Hier an der Hütte wenden wir uns schräg nach rechts und erreichen den Eberstädter Waldsportplatz.
Wer von Pfungstadt aus aufgebrochen war, biegt von der *Hundschneise* an der Schranke nach rechts in die *Sandschollenschneise* ab und erreicht Pfungstadt auf der *Klingsackerstraße.*
Einkehrmöglichkeiten: keine

Der besondere Tip: Denken Sie daran, daß Kinder nicht nur radfahren, sondern auch in den Pausen spielen wollen!

20 Melibocus-Runde

Ausgangspunkt: Eberstadt, Seeheimer Straße
Gesamtlänge: 28 km; ca. 3 Stunden
Schwierigkeitsgrad: Bergtour mit langanhaltendem Anstieg zwischen Jugenheim und Balkhausen, die aber auch weniger Geübte reizen kann. Öffentliche Verkehrsstraßen auf ganzer Länge. Für Fahrer mit guter Kondition ergeben sich Abstecher zum Auerbacher und Alsbacher Schloß. Topographische Karte: L 6316 Worms

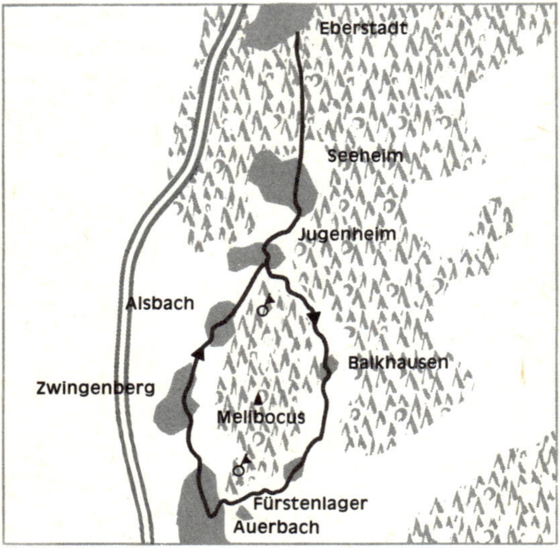

Von Eberstadt auf der alten *B 3* über Seeheim nach Jugenheim. Dabei verlassen wir vor Seeheim die Straße und biegen nach links, der Straßenbahnlinie folgend, in die *Wilhelm-Leuschner-Straße* in den Ort hinein. An deren Gabelung halten wir uns links (Darmstädter Straße), dann nach etwa 250 m rechts in die *Bergstraße.* Es ergibt sich vielleicht ein kurzer Besuch der alten Kirche (frühgotischer Chor mit Resten von Wandmalereien, Langhaus um 1820). Hier und in der Kirchstraße einige schöne alte Fachwerkhäuser, besonders bemerkenswert das Rathaus von 1599 (Ecke Oberbeerbacher-/Bergstraße) mit dem alten Brunnen an der Vorderfront. Wir fahren weiter, zurück auf die *alte Bundesstraße* (Heidelberger Straße) und folgen in Jugenheim dem Wegweiser nach Balkhausen. Bis auf die Paßhöhe hinter Balkhausen sind jetzt auf 4 km Strecke 160 m Höhenunterschied zu bewältigen. Ab der Fußgängerbrücke geht aber dann die Strecke über 5 km bergab nach Bensheim. Wer Lust hat, kann hinter Hochstädten rechts hoch zur Ruine des Auerbacher Schlosses (kein Wegweiser, sondern links der Straße Wegweiser nach Bensheim und Balkhausen). Die lange Steigung läßt sich in einer 3/4 Stunde schiebenderweise bewältigen. Kurz vor Bensheim zweigt von der Straße von Balkhausen her die Straße zum Fürstenlager nach links ab. Die Gebäude für den hier erbauten Sommersitz der Landgrafen von Hessen-Darmstadt wurden 1790–1795 in recht einfachen Formen erbaut,

was aber gerade den recht reizvollen Gesamteindruck ergibt. Hier auch ein schönes Restaurant-Café.
Wir folgen dann der Straße im Tal weiter und biegen rechts in die *B 3* ein.

In Zwingenberg lohnt sich ein Abstecher in die alte Oberstadt (Obergasse, altes Amtsgericht, 1563), die nach dem Brand 1693 an Bedeutung hinter der Unterstadt zurücktrat. In der Untergasse das um 1520 erbaute, 1799 erneuerte sogenannte Schlößchen (großer Treppenturm mit Barockportal). Hier in der Unterstadt auch einige schöne Fachwerkhäuser.
Hinter Zwingenberg nach rechts abbiegen in die *Alte Bergstraße* nach Alsbach, von ihr nach

rechts zum Ortszentrum von Alsbach (Rosengartenstraße, Bahnhofstraße, Hauptstraße). Unermüdliche können von hier aus noch einen Abstecher zum Alsbacher Schloß (Ruine, ausgeschilderter Weg) unternehmen. Ein ganz anderer Ausblick als vom Auerbacher Schloß eröffnet sich hier, da der Steilabhang des Melibocus sich bei Zwingenberg zwischen beide Bergsporne schiebt.
Weiter von Alsbach aus auf der *Jugenheimer Straße* nach Jugenheim. Hier links ab auf die *Ludwigstraße* und zurück zur *alten Bundesstraße,* dann rechts und über Seeheim zurück zum Ausgangspunkt.
Einkehrmöglichkeiten: Zum Felsberg, Balkhausen, Felsbergstraße und Reiterklause

Der besondere Tip: Der alte Ortskern von Zwingenberg lohnt auf jeden Fall einen Besuch.

21 Lorsch

Ausgangspunkt: Eschollbrücker Straße
Gesamtlänge: 65 km; 6–7 Stunden
Schwierigkeitsgrad: Ebene Strecke, die durch ihre Länge Anforderungen an die Kondition stellt; größtenteils öffentliche Verkehrsstraßen. Topographische Karten: L 6116 DA-West und L 6316 Worms

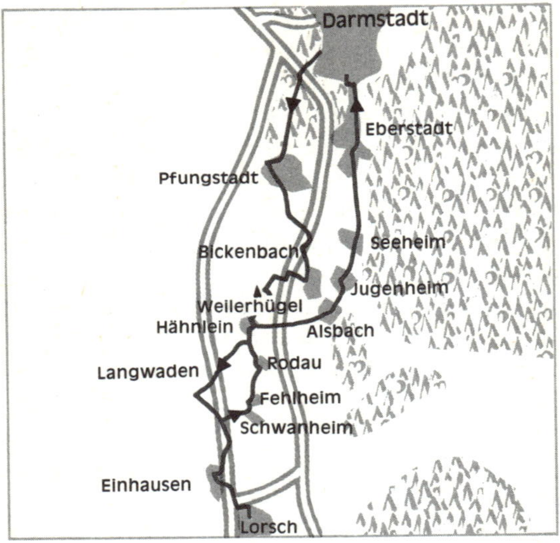

Wir fahren auf der *Eschollbrücker Straße* bis über die erste der Autobahnen (A 5), dann nach der Brücke sofort links und dem befestigten Weg (Rechtskurve, dann Sandschollenschneise) nach bis auf die *Klingsackerstraße* in Pfungstadt. Hier biegen wir sofort auf die *Ludwig-Clemens-Straße* rechts ein und an der Kreuzung mit der Mainstraße wieder links. Jetzt geradeaus, über die Straße nach Gernsheim weg (B 426) in Richtung Bensheim/Seeheim-Jugenheim. Gegenüber der Autobahneinfahrt in Richtung Darmstadt rechts nach Bickenbach, hier weiter zum Bahnhof und über die Schienen. Beim Klärwerk dann links ab

(„Erlensee") und nach rechts über die Autobahn. Am Fuß der Brückenabfahrt fahren wir links und an der folgenden Einmündung wieder links. Jetzt kommt der Weilerhügel in Sicht, wahrscheinlich ein ungeheurer, künstlich aufgeschütteter, 3000 Jahre alter Grabhügel. Wir fahren rechts um ihn herum bis Hähnlein.
In Hähnlein schwenken wir links ab, radeln durch bis zur *Gernsheimer Straße,* fahren dort rechts und beim Wegweiser links in Richtung Langwaden. Hinter dem Ort sind wir jetzt wieder im Gebiet der in Tour 14 erwähnten Neckarschlingen. Hinter Langwaden folgen wir zunächst der Straße in Richtung Biblis, biegen aber hinter der Autobahnbrücke nach links ab in Richtung Bensheim/Schwanheim, fahren dann auf dieser Straße geradeaus weiter nach Einhausen. Hier zunächst bis zur Gabelung vor und dann nach rechts bis zur Brücke und über diese weg, danach mit dem Wegweiser in Richtung Bensheim nach Lorsch. Wir folgen (jenseits von B 47 und Eisenbahn links) den Wegweisern zur Stadtmitte und zum Kloster. Von Westen her kommend, empfängt uns die berühmte karolingische Torhalle, das Eingangsbauwerk, das im 8. Jahrhundert unter König (damals war er noch nicht Kaiser) Karl dem Großen unter Anlehnung an römische Triumphbogen (Arkadenhalle) und griechische Tempel (Obergeschoß) errichtet wurde. Der kahle Bau im Hintergrund ist die ehemalige Vorkirche, die unmittelbar hinter den beiden Türmen die Verbindung mit der

Hauptkirche herstellte (zwischen 1141 und 1148 erbaut). Diese Hauptkirche ist verschwunden, nur Heckenreihen im Park markieren ihre Lage. Im Park, aber auch von der Straße hinter dem Kloster aus, kann man gut die Lage des Klosters am Steilrand einer 9 m hohen Düne sehen. Das Museum (ehemaliges Forstamt, 18. Jahrhundert) beherbergt u. a. eine Nachbildung des berühmten Lorscher Codex, des Verzeichnisses, in das von der Gründung des Klosters 764 an über ein Jahrhundert lang etwa 3000 Schenkungen an das Kloster eingetragen wurden.
Am Rathaus (1715, nach dem Vorbild von Heppenheim) vorbei treten wir wieder den Rückweg an, indem wir dem Wegweiser nach Groß-Rohrheim und Einhausen folgen, aber vor der Bahnlinie links in die *Lindenstraße* abbiegen. An der Kreuzung dieser Straße mit Bahnlinie und Bundesstraße 47 fahren wir geradeaus weiter in Richtung Einhausen. Im Ort lenken wir nach der Weschnitzbrücke rechts nach Schwanheim und radeln von dort über Fehlheim nach Rodau, dort links ab nach Hähnlein und rechts wieder nach Alsbach. An der Kreuzung mit der alten B 3 geradeaus bis zum Ortszentrum, dann weiter auf der *Jugenheimer Straße* nach Jugenheim. Hier links ab auf die *Ludwigstraße* und zur *alten B 3*, dann rechts und über Seeheim zurück nach Darmstadt. Von Eberstadt aus benützen wir die *Heinrich-Delp-Straße*, um parallel zur vielbefahrenen Heidelberger Straße ins Zentrum zu gelangen.

Einkehrmöglichkeiten: Hotel Emig, Lorsch, Einhäuser Landstraße; Pizzeria bei Toni, Lorsch, Nibelungenstraße; Schmuckerstübl, Lorsch, Kirchstraße und 2 Gasthäuser in der Bahnhofstraße

Der besondere Tip: In Lorsch sollte Zeit für die Besichtigung des Klosters und seines Museums eingeplant werden.

22 Rundweg Süd

Ausgangspunkt: Rheinstraße
Gesamtlänge: 30 km; 3–4 Stunden
Schwierigkeitsgrad: Geringe Schwierigkeiten, nur kurze Steigungen im zweiten Streckenabschnitt. Öffentliche Straßen (B 426) nur in Mühltal. Topographische Karten: L 6116 und L 6118

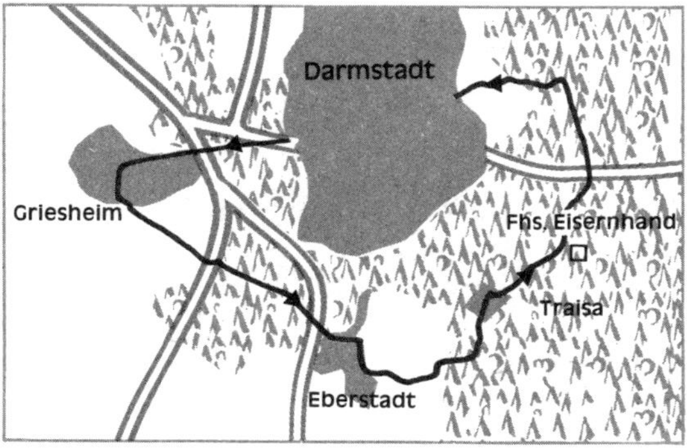

Die *Rheinstraße* beim Mozartturm ist Ausgangspunkt dieser Tour. Wir nehmen rechts den Radweg und fahren auf diesem bis hinter die Autobahnen, dann auf den parallel zur B 26 führenden Straßen weiter. An der Kreuzung mit der *Friedrich-Ebert-Straße* hinter der Post biegen wir links ab und folgen dieser Straße bis zu den Sportplätzen von Griesheim, dann dem geteerten Fahrweg bis zur Kreuzung mit der Eschollbrücker Straße. Dort fahren wir wieder geradeaus weiter (Schranke) in die *Hundschneise* (teilweise schlechter Weg) bis zur Schutzhütte, wo wir schräg nach rechts abbiegen und dem Weg folgen bis zum Eberstädter Waldsportplatz. Wir radeln zunächst geradeaus weiter, schwenken auf die *Reuterstraße* rechts, dann aber gleich wieder in die *Jakobstraße* links ab und folgen dieser bis zum Vorfahrtsschild. Jenseits der Kreuzung geradeaus weiter (Thomasstraße), dann rechts ab in die *Heinrich-Delp-Straße*. Über die Kreuzung mit der B 426 weg, dann die nächste Straße links (Odenwaldstraße), und dem Straßenzug folgend bis in den *Hainweg*. Hier

halten wir uns nach der Linkskurve rechts hoch zum Wald und erreichen die Straße nach Niederbeerbach nach einem kurzen schlechten Wegstück. Links hinunter bis zur Einmündung in die *B 426*, der wir nach rechts ein Stück folgen müssen. An der Fabrik können wir wieder links ab in die *Flachsröße*, dann wieder links zur *Alten Dieburger Straße* hin, der wir bis zur Einmündung in die Verkehrsstraße folgen. Wenn der Verkehr nach links abknickt, folgen wir der Straße *Im Wiesengrund* geradeaus und erreichen die B 449, wo wir in die gegenüberliegende Einmündung zum Bahnübergang hin einlenken. Die so befahrene *Ludwigstraße* führt uns an den Sportanlagen vorbei (kurzes, steiles und schlechtes Stück) in den Wald und zum Forsthaus Eisernhand. Hier ganz nach links in den Weg und auf diesem geradeaus, über Bundesstraße und Bahnlinie weg, unter der Autobahn durch, bis die vierte Abzweigung nach links mit einem *weißen Z* gekennzeichnet ist. Das ist der *Brunnersweg*, der uns zur Fasanerie und über die *Dieburger Straße* zurück in die Stadt bringt.
Einkehrmöglichkeiten: Bürgerhaus, Mühltal-Traisa, Im Rosengarten (Di geschlossen)

Der besondere Tip: Diese Fahrt läßt sich mit den Touren 5, 6 und 18 zu einer Gesamt-Umrundung der Stadt verbinden.

23 Worms (über Gernsheim)

Ausgangspunkt: Eschollbrücker Straße
Gesamtlänge: ca. 100 km
Schwierigkeitsgrad: Diese Tour sollte nur von geübten und trainierten Tourenfahrern unternommen werden, die die reine Strecke in ca. 6 Stunden bewältigen. Wartezeiten an den Fähren berücksichtigen! Bei ruhigem Verkehr läßt sich die Strecke über die Eschollbrücker Straße abkürzen. Topographische Karten: L 6116 DA-West, L 6316 Worms und evtl. L 6314 Alzey
Fähre verkehrt nicht vom 15. Oktober bis 15. März, dann über Gernsheim zurück.

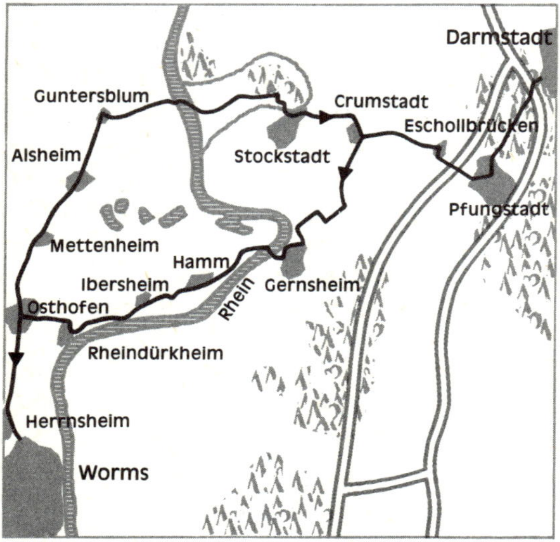

Wir radeln von der *Eschollbrücker Straße* gleich nach der ersten Brücke über die Autobahn (A 5) nach links und mit dem Weg nach rechts in die *Sandschollenschneise.* Geradeaus durch bis zur *Klingsackerstraße* in Pfungstadt und zu deren Einmündung in die B 426. Hier rechts und der Abzweigung nach Eschollbrücken folgen (Radweg). In Eschollbrücken dann rechts bis zur Abzweigung nach Riedstadt und von hier bis Crumstadt. In Crumstadt fahren wir geradeaus, der angezeigten Richtung nach Biebesheim folgend.

An der Abzweigung nach Biebesheim (rechts) und Pfungstadt (links) dann wieder geradeaus weiter in den Wirtschaftsweg bis zur Einmündung in die B 426 von Gernsheim her. Wir fahren nach rechts, ca. 1 km weit, und biegen bei den gelben Leitungsmarkierungen rechts, 600 m weiter wieder links ab. Im Gernsheimer Industriegebiet links (Otto-Hahn-Straße) und vor bis zur *B 426,* dann rechts zur Ampel, dort links und in der Stadt dem Wegweiser zur Rheinfähre folgen (rechts). Die Fähre verkehrt hier zur vollen und halben Stunde, vor der Fähre ein Erfrischungsstand.

Nach der Fähre folgen wir zunächst der Straße auf 1200 m und biegen dann rechts in Richtung Hamm und Worms ab. In Hamm verlassen wir den Straßenzug nicht, sondern fahren auf dem Hochwasserdamm weiter. Wenn uns dieser Weg zu schlecht ist, können wir auch auf der parallel führenden Straße weiterradeln. Links hat man über den äußeren Hochwasserdamm weg einen schönen Blick auf das Ibersheimer Wert und den dahinterfließenden Rhein. Auf dem Damm fahren wir so an Ibersheim vorbei und später wieder zur Straße zurück. Am Ortseingang von Rheindürkheim halten wir uns zunächst rechts und folgen der Straße über die Eisenbahnschienen weg und am Ortsrand über die B 9 (Vorsicht!) nach Osthofen. Hier dann nach links in Richtung Worms und an den rebenbewachsenen Lößhügeln entlang über Herrnsheim nach Worms hinein. Wir durchqueren den Stadtteil Herrnsheim, indem wir uns an der Einmündung nach rechts zum Gasthaus Schwanen halten und dem Zug der Herrnsheimer Hauptstraße folgen bis zur Einmündung in die Umgehungsstraße. Dort links und auf dem Radweg zur Innenstadt. An der zweiten Ampel zweigen wir rechts ab und radeln über Ludwigsplatz und Lutherring zum Lutherplatz und (schräg dahinter) zum Dom.

Gerade über Worms ließen sich hier viele Worte machen, doch lassen sich Stadtprospekte mit den wichtigsten Auskünften leicht im Verkehrsbüro besorgen.

Bei sonnigem und warmen Wetter laden einige der Eiscafés mit ihren Straßentischen zur Rast ein, sonst ziehen wir uns in einen der gemütlichen Gasthöfe zurück.

Zum Rückweg fahren wir vom Ostchor des Doms aus nach links durch die Einbahnstraße an der Fußgängerzone vorbei bis zum Ludwigsplatz, dann rechts und an der Ampel links (Friedrichstraße). Über die nächste Ampel weg folgen wir auf der *Mainzer Straße* dem Fahrbahnpfeil nach links, schwenken dann nach rechts ab, fahren unter der Eisenbahnbrücke durch (Richtungswegweiser Stadtkrankenhaus, später Herrnsheim, teilweise mit Radweg rechts der Straße). Wir lenken dann nach rechts zum Stadtteil Herrnsheim und folgen hier – nach einem Abstecher zur Kirche – dem Weg nach Osthofen. Wir kennen die Abzweigung bereits von der Herfahrt, der Wegweiser ist gut versteckt beim Steinkruzifix. Hier links ab. In Osthofen fahren wir geradeaus (vom Zug der Durchgangsstraße links ab) über Mettenheim und Alsheim nach Guntersblum. Nach einem kurzen Anstieg hinter Worms führt jetzt die Straße wieder eben am Fuß der Weinberge entlang. In Guntersblum müssen wir zunächst wieder auf die B 9 in Richtung Worms zurück, dann aber nach der Unterführung nach rechts in Richtung Gimbsheim. Nach etwa 200 m zweigen wir beim Haus mit dem Brunnen an der Straße nach links zum Rhein hin ab und folgen dieser Straße geradeaus weiter bis zur Fähre. Die Fähre verkehrt nach Bedarf (siehe Vorwort!), daher evtl. eine kleine Wartezeit einkalkulieren.

Auf der anderen Rheinseite nehmen wir nicht den Weg am Rhein entlang, sondern den vom Rhein weg. Haben wir dann die Wegkreuzung im freien Feld erreicht, biegen wir rechts ab und kommen über das Hofgut Gundernhausen und

über den Altrhein nach Stockstadt. Hinter dem Damm in der Stadt mündet unser Weg in die *B 44* ein, der wir nach links bis zum Ortsrand folgen. Rechts ab nach Philippshospital und weiter nach Crumstadt, Eschollbrücken und Pfungstadt. Hier in Pfungstadt dann auf der *B 426* links ab bis zur Abzweigung der *Klingsakkerstraße* vor dem Güterbahnhof. Dann links und der Straße nach in den Wald, geradeaus weiter, die *Sandschollenschneise* entlang bis zur Einmündung auf die *Eschollbrücker Straße*, von da an auf dieser weiter (Radweg) zurück zum Zentrum.
Einkehrmöglichkeiten: Neue Post, Worms, Rheinstraße (Do und 15. 7.–15. 8. geschlossen)

Der besondere Tip: In Worms genügend Zeit für Dom und Stadt einplanen.

24 Groß-Gerau

Ausgangspunkt: Frankfurter Landstraße/Erlich
Gesamtlänge: 35 km; 4 Stunden
Schwierigkeitsgrad: Ebene Strecke, keine besonderen Schwierigkeiten. Öffentliche Straßen zwischen Worfelden und Wixhausen. Topographische Karte: L 6116 DA-West

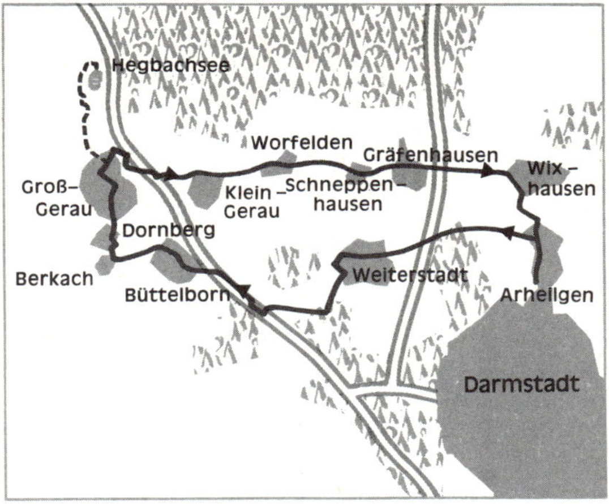

Wir fahren von Arheilgen auf der *Weiterstädter Straße* nach Westen, über die Bahnlinie geradeaus bis Weiterstadt (Radweg) und folgen dort dem Zug von *Arheilger-* und *Darmstädter Straße,* bis diese beim Gasthaus „Darmstädter Hof" als Vorfahrtsstraße nach rechts abknickt. Der *Büttelborner Weg* ist mit der Richtung Groß-Gerau ausgeschildert, hier fahren wir vor bis zur Ampel an der B 42. Diese Einmündung überqueren wir (Vorsicht!) und radeln auf dem Wirtschaftsweg auf der gegenüberliegenden Seite nach links weiter bis zum Weg zu den Höfen. Das ist der *Griesheimer Weg,* dem wir nach rechts folgen, am Waldrand entlang, bis er im Wald verschwinden will. Wir biegen hier aber nach rechts ab und fahren am Waldrand, später

wieder im freien Feld weiter und an der Autobahn entlang zum Fuß der Brücke.
Dieses Stück ist recht schlecht, wer es scheut, muß an der eben beschriebenen Ampel nach rechts und nach 1,7 km von der *B 42* wieder nach links in den Wald. Er trifft dann auf dieselbe Brücke. Diese Brücke überqueren wir, fahren dann geradeaus weiter an der Autobahntankstelle Büttelborn vorbei nach Büttelborn hinein. Hier geradeaus, dann dem Zug der Vorfahrtsstraße folgend durch den Ort durch bis zur ausgeschilderten Abzweigung (links) nach Berkach. Dieser Straße folgen wir, bis am ersten Haus von Berkach ein Weg nach rechts abzweigt. Wir radeln bis Dornberg, dort geradeaus weiter, dann links zur Ampel. Hier können wir auf dem Radweg zur Stadtmitte (besonders schönes Fachwerkhaus an der Frankfurter Straße) und uns für den Rückweg stärken.
Weiter in Richtung Frankfurt bis zur Gabelung der alten Straße und der Auffahrt zur Brücke. Dann geradeaus, der alten Straße folgen, zum Bahnübergang (Unterführung, Rad tragen). Hinter dem Bahnübergang können wir entweder einen Abstecher nach Nauheim zum Hegbachsee machen oder direkt nach Darmstadt zurückfahren. Für den Abstecher an der Bahnlinie nach links und dem Weg um einige Zick-Zack-Kurven folgen, immer in der Fahrtrichtung bleibend, bis zum Nauheimer Hegbachsee, wo hinter dem See das Seerestaurant zu einer (weiteren?) Stärkung einlädt.

Für den Rückweg dann, sei es mit oder ohne Abstecher, an der obengenannten Unterführung geradeaus, der alten *Frankfurter Straße* folgend und nach rechts zur Ampel. Wir radeln geradeaus zum Industriegebiet weiter, orientieren uns nach dem Wegweiser zur Firma Frigoscandia (rechts und links) und fahren auf diesem Weg unter Bahnlinie und Autobahn durch nach Klein-Gerau. Hier kommen wir nach links über die Brücke zum Bauernhof, biegen hinter dem Hof nach rechts ab und gelangen auf diesem Weg an die Kirche von Worfelden (schöner Fachwerkbau). Wir schwenken nach links in die Straße ein (Unterdorf), folgen ihrem Zug geradeaus in den Ort hinein (Oberdorf) und erreichen über Schneppenhausen und Gräfenhausen (hier von der abknickenden Vorfahrtsstraße – Schneppenhäuser Straße – geradeaus weiter) Wixhausen (Radweg). Vor Wixhausen nach rechts zu den Gewächshäusern, dann am Bach und an der Bahnlinie entlang, über die Bahnlinie weg auf den *Glockengartenweg* in Arheilgen. Zum Stadtzentrum über die Straße *Im Erlich* zurück.
Einkehrmöglichkeiten: Café Ratsschänke, Groß-Gerau, Gernsheimer Straße

Der besondere Tip: Das Alte Rathaus in Groß-Gerau ist ein besonders schöner Vertreter seiner Gattung und läßt sich gut mit den anderen Rathäusern der Gegend (Tour 14) vergleichen.

25 Griesheim–Mörfeldener Wald

Ausgangspunkt: Griesheim, Schöne-Weiber-Gasse
Gesamtlänge: 43 km; 4–5 Stunden
Schwierigkeitsgrad: Ebenes Gelände, keine Steigungen, öffentliche Verkehrsstraße zwischen Gräfenhausen und Worfelden läßt sich durch Wahl des Rückwegs vermeiden. Dann auch anspruchsvollere Familien-Tour. Topographische Karte: L 6116 DA-West

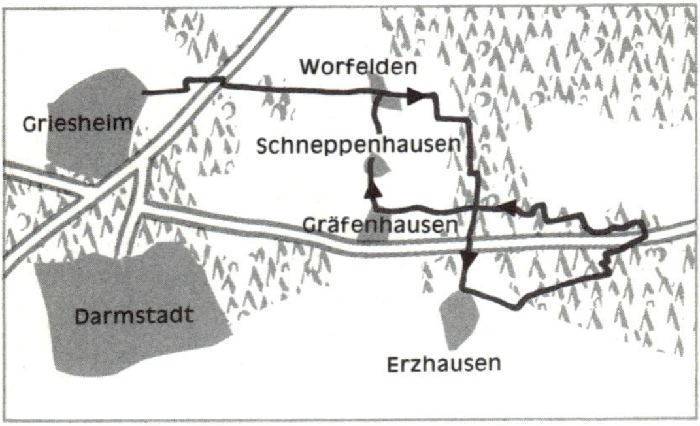

In Griesheim auf der *Schöne-Weiber-Gasse*, über die Bahnlinie durch das Industriegebiet ins freie Feld und geradeaus, dann links versetzt weiter zur Autobahnbrücke. Am Fuß der Brükkenauffahrt nach rechts und über die Brücke. Von der Brücke aus fahren wir geradeaus durch den Wald bis zur B 42. Noch geradeaus (Vorsicht beim Überqueren!), über die Bahnlinie nach Worfelden und zur Einmündung in die

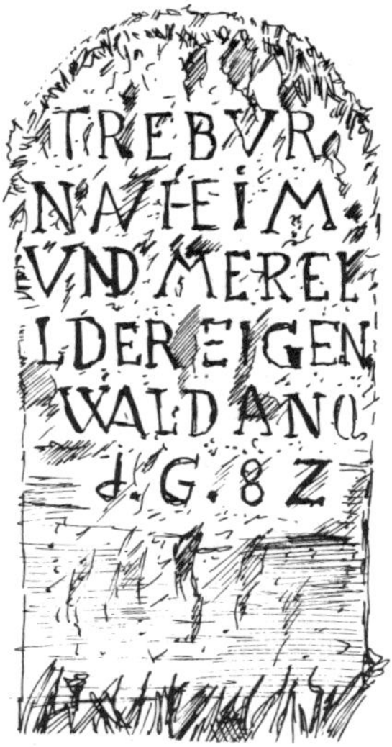

Straße nach Schneppenhausen, von der links versetzt die Straße *An der Trift* abgeht. Diese radeln wir geradeaus durch bis zur Einmündung ca. 1,4 km hinter dem Ort. Hier steht ein großer Bauernhof; wir biegen rechts ab, am nächsten Hof links in den Wald hinein bis zum Forsthaus Wiesental und dort rechts weiter. Diesem Weg folgen wir bis zur Einmündung in die Autostraße, dann für 200 m links ab und wieder in den Wald (rechts, Mittelschneise). Am Ende der Schneise geradeaus über die Autobahnbrücke und geradeaus weiter nach Erzhausen. Hier lenken wir gleich nach den ersten Häusern nach links auf die *Frankfurter Straße* und kommen auf diesem geradeaus weiter zum Wald. Etwa 500 m nach dem Parkplatz folgen wir dem *Radwegweiser 5* (sehr klein!) zu einer etwa 11 km langen Runde durch den Wald zwischen Langen und Mörfelden.

Dieser Weg führt, nachdem er an der Schranke nach links abgebogen ist, zunächst auf 2,2 km auf der *Helenenbrunnenschneise* entlang und über die Bundesstraße weg; er biegt dann gleich nach der Überquerung nach links ab (Radwegweiser 5). Rechts des Weges ein Grenzstein vom „Trebur-Nauheim-Mörfelder Eigenwald Anno 1687“. Bei den beiden Holzpflöcken radeln wir links ab (Schlagplattenschneise), dann nach rechts (Schönrainschneise) und fahren mit dem Weg nach links in die *Depotschneise*. An der folgenden Kreuzung erkennen wir rechts am Baum vor uns das Wegweiser-Zeichen; hier rechts ab, am Zaun entlang und weiter geradeaus. Bei der Schutzhütte schwenken wir links ab, müssen nach der Autobahnbrücke wieder nach links und folgen dem Weg am Waldrand um die Autobahnanschlußstelle Mörfelden herum bis zum Übergang über die B 486 (am Hotel nach links zur Straße). Jenseits der Straße geht der Weg geradeaus weiter bis zur Kreuzung nach dem Haus; hier lenken wir nach rechts (schlechter Weg), an der Betonstein-Fabrik wieder links und fahren (zwischen der Fabrik und dem Umspannwerk) nach links um das Fabrikgelände herum, dann nach rechts zum Baggersee (Hütte

mit Sitzgruppe) und immer geradeaus weiter bis Gräfenhausen (etwas kieseliger Weg im Wald). Von Gräfenhausen dann rechts über Schneppenhausen nach Worfelden. Wir fahren links in die Pfarrgasse ein und folgen dieser Richtung über Bahnlinie und *B 42* (Vorsicht beim Überqueren!) bis zur Brücke über die Autobahn. Die Brückenabfahrt biegt stark nach rechts ab, am Fuß der Rampe geht es links weiter, dann etwas zurück, und wir haben mit dem Weg unsere alte Richtung wieder erreicht. Wir fahren geradeaus, dann links versetzt weiter und erreichen Griesheim auf der *Schöne-Weiber-Gasse.*
Einkehrmöglichkeit: keine.

Der besondere Tip: Im Mai lockt das erste Grün, im frühen Herbst das erste Bunt der Blätter.

26 Staatsforst Groß-Gerau

Ausgangspunkt: Arheilgen, Im Erlich
Gesamtlänge: 41 km; 4–5 Stunden
Schwierigkeitsgrad: Strecke ist besonders für Familien mit Kindern geeignet, da außer den Ortsdurchfahrten kaum öffentliche Verkehrswege benützt werden. Topographische Karte: L 6116 DA-West

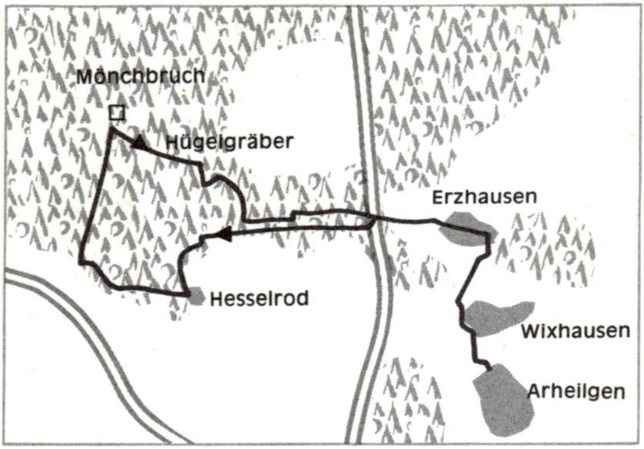

Von Arheilgen über *Erlich* und *Greinstraße* nach links auf den *Glockengartenweg* und auf ihm die Bahnlinie überqueren. Unmittelbar dahinter biegen wir nach rechts ab und nehmen ein Stück weiter den dritten Weg nach links am Apfelbach entlang, bleiben am Bach, fahren an der Gärtnerei vorbei und kommen beim Trafo-Turm auf die Straße. Dann müssen wir über das Schild „Vorfahrt achten" weiter geradeaus auf die *Erzhäuser Straße,* mit ihr aus dem Ort heraus und auf diesem Weg bis Erzhausen.

Hier zweigen wir an der Einmündung in die *Bahnstraße* links ab und folgen dem Zug der *Bahn-,* später der *Hauptstraße* aus dem Ort heraus bis über die Autobahn, schwenken dahinter mit dem geteerten Weg nach links und nach 200 m bei den beiden Sitzbänken wieder nach rechts in den Waldweg (Lange Schneise), der uns bis zur Einmündung in die Straße von Worfel-

den nach Mörfelden führt. Hier fahren wir nach links, unmittelbar nach dem Apfelbach-Brückchen (irgendwo soll hier eine Grillstelle sein) wieder nach rechts in den Wald, an dessen Rand wir jetzt bis zu den ersten Häusern der Siedlung Hesselrod halten. Wir folgen der *Hammelstriebschneise* nach rechts und immer geradeaus, auch wenn der bessere Weg nach ca. 1,5 km nach links abbiegt, radeln über die Bahnlinie und weiter bis zur *B 44* zwischen Groß-Gerau und Mörfelden (Schutzhütte hinter der Bahn). Hier zunächst auf der Straße nach rechts und gleich darauf beim Telefonhäuschen nach links die Straße zum Parkplatz hin überqueren (Vorsicht!). Jetzt folgen wir dem abzweigenden *Mönchbruchpfad* auf 4 km bis zum Parkplatz am Mönchbruch. Ein alter Kilometerstein am Wegrand (ohne Aufschrift) bezeugt das Alter dieser Verbindung von Groß-Gerau nach Norden. Am Zielpunkt unserer Tour lädt das Gasthaus Mönchbruchmühle zu einer kräftigen Stärkung ein.
Zum Rückweg nach Darmstadt fahren wir wieder auf demselben Weg in den Wald, biegen aber an der ersten Wegkreuzung nach links in die alte *Rüsselsheimer Straße* ab und kommen hier durch ein Gebiet mit zahlreichen Hügelgräbern (siehe Vorwort zu Tour 7). An der Kreuzung mit der Steinbergschneise biegen wir rechts ein *(gelbe 1 im Kreis)*, an der nächsten Kreuzung mit dem grau geschotterten Weg dann nach links und kommen wieder zur *B 44* von Groß-Gerau nach

Mörfelden. Auf der Straße fahren wir 200 m weit nach links und biegen dann rechts zum Bahnübergang hin ab (Schranke öffnet nach Hebeldruck, schließt sehr schnell wieder! Lautsprecherauskunft bei längerer Wartezeit). Wir folgen dem befestigten Weg bis zum Forsthaus Wiesental und schwenken dort nach links. An der Straße von Gräfenhausen nach Mörfelden geht es auf 200 m nach links, dann wieder rechts ab in den Wald.

Auf der Mittelschneise fahren wir jetzt immer geradeaus, dann über die Autobahnbrücke und mit dem Straßenzug durch die *Hauptstraße* und die *Bahnstraße* von Erzhausen und biegen vor dem Bahnübergang nach rechts in die *Industriestraße.* Deren Verlängerung bringt uns durch den Wald und über die Felder nach Wixhausen. Mit der *Erzhäuser Straße* radeln wir nach rechts auf die *Brückenstraße,* dann geradeaus bis zum Trafo-Turm. Hier nach links auf den Weg am Bach, über die Straße weg geradeaus, wieder am Bach, später an der Bahnlinie entlang. Die Schienen überquerend, erreichen wir den *Glockengartenweg* in Arheilgen, von dem wir über *Greinstraße* und *Erlich* unseren Ausgangspunkt wieder erreichen.

Einkehrmöglichkeiten: Gasthaus Mönchbruchmühle am Mönchbruch-Schlößchen

Der besondere Tip: Da die Tour großenteils im Wald verläuft, eignet sie sich gut für warme Sonnentage im Sommer.

27 Griesheim-Runde

Ausgangspunkt: Griesheim, Post
Gesamtlänge: 24 km; 2–3 Stunden
Schwierigkeitsgrad: Ebene Strecke, keine besonderen Schwierigkeiten, öffentliche Fahrstraßen auf 4 km. Topographische Karte: L 6116 DA-West

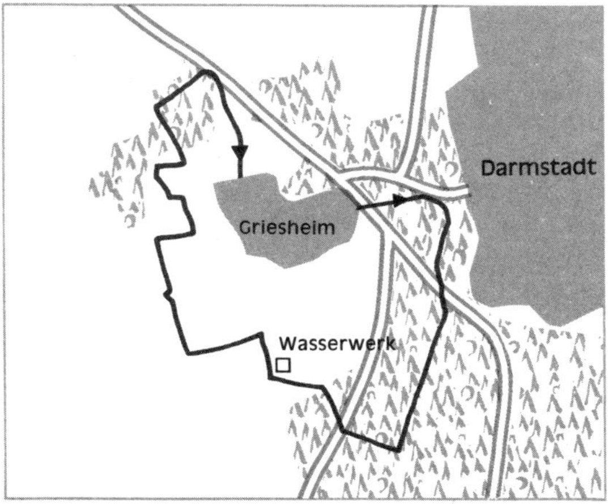

Wir fahren auf dem Radweg der *Wilhelm-Leuschner-Straße* (B 26). Wo der Radweg um den Straßenknoten des Autobahnzubringers herumführt, zweigt ein Waldweg nach rechts ab, dem wir folgen. Gleich dahinter, beim Verkehrsschild geht unser Weg schräg nach links weiter, bei den Sitzbänken dann schräg nach rechts (Schild *301, Reitschneise*), beim Pavillon dann wieder links ab (Mühlweg, Schläge 292 und 294). Wir erreichen so die *Eschollbrücker Straße* bei der Autobahnüberführung. Sofort nach der Brücke zweigt wieder ein Weg nach links ab, mit dem wir nach 300 m nach rechts in die *Sandschollenschneise* einbiegen. Nach ca. 3 km dann kurz vor Pfungstadt hinter dem Wasserwerk nach rechts in den mit einer Schranke gesperrten Weg und vor bis zur Hütte. Links vorbei und über die Autobahnbrücke in Richtung Griesheim.

Hinter dem Wasserwerk zweigt beim Verkehrsschild der Gegenfahrbahn „Vorfahrtsstraße" ein Weg nach links (Richtung Aussiedlerhöfe). Wir folgen diesem Weg, fahren mit ihm nach rechts, erst durch das Gebiet der Feuchtwiesen durch, und biegen dann bei der Hochspannungsleitung nach links ab bis zur Einmündung in die *B 26*. Rechts ab schwenken und bis zur nächsten Abzweigung nach links (Grillhütte und zum Klärwerk). An der nächsten Kreuzung müssen wir noch einmal links (geteerter Weg am Graben entlang); wir folgen dem Weg am Waldrand rechtsherum bis zur Einmündung in die Straße nach Büttelborn.

Hier können wir, links abbiegend, noch eine Schleife auf den jeweils rechts abzweigenden Wegen ziehen und kommen dabei am Waldrand gegen Büttelborn zu, noch vor der Autobahn-Raststätte, an einem Grillplatz vorbei. Wir können uns hier einige Zeit lassen, der Rückweg nach Griesheim dauert etwa eine halbe Stunde.

Wir können aber auch an der eben beschriebenen Kreuzung geradeaus weiterfahren und bei der übernächsten Wegkreuzung nach rechts zur Griesheimer *Schöne-Weiber-Gasse* hin abschwenken. Vom Grillplatz aus fahren wir zunächst bis zur Raststätte, dann rechts weiter, bleiben diesseits der Autobahn (an der Brücke rechts), radeln vom betonierten Weg aus links versetzt weiter und kommen gleichfalls auf die *Schöne-Weiber-Gasse.*
Einkehrmöglichkeiten: keine

Der besondere Tip: Kann mit den Touren 5, 6 und 22 zu einer Gesamt-Umrundung der Stadt kombiniert werden.

28 Oppenheim

Ausgangspunkt: Eschollbrücker Straße
Gesamtlänge: ca. 90 km
Schwierigkeitsgrad: Diese Tour sollte nur von geübten und trainierten Tourenfahrern unternommen werden, die die reine Strecke in ca. 6 Stunden bewältigen. Wartezeiten an den Fähren berücksichtigen! Bei ruhigem Verkehr läßt sich die Strecke auch über die Eschollbrücker Straße abkürzen. Topographische Karten: L 6116 DA-West und L 6316 Worms, evtl. L 6314 Alzey

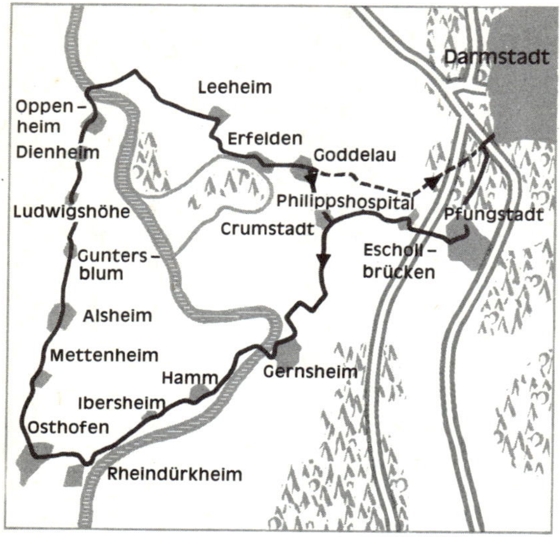

Von der *Eschollbrücker Straße* gleich nach der ersten Brücke über die Autobahn nach links und mit dem befestigten Weg nach rechts in die *Sandschollenschneise.* Geradeaus durch bis zur *Klingsackerstraße* in Pfungstadt und zu deren Einmündung in die B 426. Hier rechts und der Abzweigung nach Eschollbrücken folgen (Radweg), in Eschollbrücken dann rechts bis zur Abzweigung nach Riedstadt und hier links ab über Crumstadt in Richtung Biebesheim. An der Abzweigung nach Biebesheim (rechts) und Pfungstadt (links) fahren wir geradeaus weiter in den Wirtschaftsweg bis zur Einmündung in die *B 426* von Gernsheim her. Wir lenken nach

rechts, ca. 1 km weit und biegen dann bei den gelben Leitungsmarkierungen nach rechts, 600 m weiter wieder nach links ab.
Im Gernsheimer Industriegebiet links (Otto-Hahn-Straße) und vor bis zur B 426, dann rechts bis zur Ampel, dort links und in der Stadt dem Wegweiser zur Rheinfähre folgen (rechts). Die Fähre verkehrt hier zur vollen und halben Stunde, vor der Fähre ein Erfrischungsstand.
Nach der Fähre folgen wir zunächst der Straße auf 1200 m, zweigen dann nach rechts in Richtung Hamm und Worms ab und radeln über Hamm und Ibersheim nach Rheindürkheim.
Am Ortseingang von Rheindürkheim halten wir uns erst rechts mit der Straße über die Eisenbahnschienen weg und am Ortsrand über die B 9 (Vorsicht!) nach Osthofen. Hier können wir in einer der Wirtschaften um den Marktplatz und die Kirche herum eine Stärkung zu uns nehmen, denn bis hierher haben wir immerhin schon gut ein Drittel unserer Tour geschafft.
Wem der Weg in der Ebene zu flach und zu langweilig ist, der kann jetzt auf stillen Nebenstraßen über Bechtheim, Haßloch, Hillesheim, Dolgesheim, Weinolsheim, Dalheim und Dexheim nach Oppenheim fahren; die Landschaft wechselt dabei hier im Hügelland sehr stark zwischen Ackerbau und Weinbau ab.
Für uns gemütliche Tourenfahrer aber geht der Weg nach Osthofen an den Weinbergen entlang über Mettenheim und Alsheim nach Guntersblum. Die Straße zieht recht eben am Fuß der

Lößhügel entlang und war (und ist heute noch) neben der schon zur Römerzeit benutzten Schnellstraße, der heutigen B 9 zwischen Guntersblum und Worms, Hauptverbindung der Weinbauorte untereinander. Am Ortsende von Guntersblum zweigen wir gegenüber von Tankstelle und Friedhof in den befestigten Weg zu den Rebanlagen hin ein und folgen ihm im Zick-Zack, wieder am Fuß der Berghügel, die die B 9 erklimmt, bis Ludwigshöhe. Hier links (Kirchstraße), dann wieder rechts (In den Pflänzern) und mit dem Wirtschaftsweg weiter bis zur Einmündung in die *B 9.* Von unterwegs hat man jetzt schon einen schönen Blick auf Oppenheim und seine erhöht gelegene Kirche.

Den Rest des Weges bis Oppenheim durch Dienheim legen wir auf der *B 9* zurück. In Oppenheim radeln wir geradeaus zur Stadtmitte und halten uns nach den Wegweisern zur St. Katharinenkirche und zum Marktplatz.

Diese Katharinenkirche in ihrem reichen gotischen Schmuck ist die Perle Oppenheims. Besonders beachtenswert (und in dieser Art einzig) ist die Langhaus-Südseite der Kirche, die so prächtig ausgestattet ist wie andernorts nur eine Kirchenfassade – und das will sie ja auch sein, Fassade, Schauseite, weil das Gelände es nicht im herkömmlichen Sinn von Westen her erlaubt. Berühmt die beiden Fensterrosen, die „Rose“ rechts und die „Lilie“ links. Innen sehr schön erhaltene spätgotische Grabsteine (Prospekt im Kircheninnern). Andere Schmuckstücke Oppenheims sind die Michaelskapelle neben der Katharinenkirche (Totenkapelle mit Beinhaus, gotisch) und die katholische Kirche St. Bartholomäus in der Stadt (schlichte Bettelordenskirche des 14. Jahrhunderts). Eine neuerliche Rast in den Mauern des alten Weinstädtchens stärkt uns für den letzten Teil dieser Tour.

Wir verlassen die Stadt in Richtung Mainz und kommen nach 700 m an die B 9 und die Rheinfähre. Sie verkehrt wie die Gernsheimer Fähre alle volle und halbe Stunde. Vom gegenüberliegenden Rheinufer aus fahren wir zunächst der Straße nach in Richtung Geinsheim, biegen aber bei den Baggerseen (Wohnwagen-Kolonien) auf

den Weg nach rechts ein und folgen ihm nach Leeheim. An der Einmündung in die *Erfelder Straße* im Ort schwenken wir rechts ab, radeln am Bensheimer Hof vorbei und folgen der Straße nach Erfelden, das wir in Richtung Goddelau durchfahren (Radweg zwischen Erfelden und Goddelau). Hier in Goddelau überqueren wir die alte B 44 bei der Kirche und fahren geradeaus weiter aus dem Ort heraus (die Straße nach Crumstadt biegt rechts ab, geradeaus bleiben!). Auf diesem Weg kommen wir zum Damm des Sandbaches (teilweise schlechte Wegstrecke), dem wir bis zur Einmündung in die Straße von Eschollbrücken nach Darmstadt folgen. Wer dieses schlechte Stück scheut, kann über Philippshospital, Crumstadt und Eschollbrücken auf der Straße ausweichen.
Je nach Verkehr kann man über die *Eschollbrükker Straße* nach Darmstadt zurück oder bis zur *Klingsackerstraße* vor dem Güterbahnhof in Pfungstadt und dort nach links und über den Wald retour.
Einkehrmöglichkeiten: Kurpfalz, Oppenheim, Wormser Straße und Rheinischer Hof, Mainzer Straße (Di geschlossen)

Der besondere Tip: In Oppenheim genügend Zeit für die Besichtigung der Kirche einplanen. Abkürzung der Strecke über Kühkopf-Insel möglich.